高职高专院校"十二五"规划教材

大学生创业与就业

University Students' innovative undertaking and employment

- 主　编　曲秀琴　郭捍华
- 副主编　茹　玉　徐　颖
- 主　审　李洪亮

上册

哈尔滨工业大学出版社
HARBIN INSTITUTE OF TECHNOLOGY PRESS

内 容 简 介

"大学生创业与就业"是普及职业生涯发展理论和增强大学生创业就业竞争力的重要课程。本书是为这门课程编写的教材。本教材视角独特、难度适中,相关理论与实战演练相结合,将创业者创业案例有机地融入教材中的各相应章节。

本书既可作为各类本、专科院校的职业生涯规划、创业就业指导课程的必修课与选修课教材,也可作为职场新人学习职业生涯规划与创业就业理论和方法的参考用书。

图书在版编目(CIP)数据

大学生创业与就业.上册/曲秀琴,郭捍华主编.—哈尔滨:哈尔滨工业大学出版社,2014.7(2015.7重印)
高职高专院校"十二五"规划教材
ISBN 978-7-5603-4814-8

Ⅰ.①大… Ⅱ.①曲…②郭… Ⅲ.①大学生-职业选择-高等职业教育-教材 Ⅳ.①G647.38

中国版本图书馆 CIP 数据核字(2014)第 139606 号

策划编辑	杜 燕 赵文斌
责任编辑	杜 燕
出版发行	哈尔滨工业大学出版社
社　　址	哈尔滨市南岗区复华四道街 10 号 邮编 150006
传　　真	0451-86414749
网　　址	http://hitpress.hit.edu.cn
印　　刷	哈尔滨工业大学印刷厂
开　　本	787mm×1092mm 1/16 印张 11.5 字数 265 千字
版　　次	2014 年 7 月第 1 版 2015 年 7 月第 2 次印刷
书　　号	ISBN 978-7-5603-4814-8
定　　价	23.80 元

(如因印装质量问题影响阅读,我社负责调换)

前　言

《大学生创业与就业》是面向全院大学生开设的一门公共基础课。课程以培养面向生产、经营、管理一线的高端技能型专门人才要求为出发点，服务于专业教育，使学生树立正确的职业理想和择业观，学会根据社会需求和个人特点进行职业生涯规划设计，培养学生在就业形势严峻的情况下增强学生主动就业意识，培养大学生创新精神和创业能力，激发创业热情，了解创业准备，掌握求职方法与技巧，树立自主创业观，为实现就业倍增效应提供保障。通过本课程的学习，使学生学习有目标、创业有本领、就业有优势、升学有门路、发展有保障。为未来职业发展奠定良好的基础。

根据各专业人才培养目标及企业对于不同岗位人才的需求，本课程注重在理论教学的基础上融合创业就业实践，同时兼容或灵活对接各类实战演练。课程以学生从"校园人"到企业人转变为主线，将学生的生涯规划与管理、创业实务、就业指导与学业目标相结合，生涯发展教育与专业教育相结合，使学生能够掌握基本的创业就业观念，具备创业就业技能，以此促进学生高水平地完成学业，推动学生职业能力和职业素养的提升。

本教材在编写中突出高职教育教学改革创新理念，并结合2007年"教育部办公厅关于印发《大学生职业发展与就业指导课程教学要求》和教高厅[2012]4号教育部办公厅关于印发《普通高等学校创业教育教学基本要求（试行）》的通知"要求，充分考虑大学生成长发展、自我教育和高校创业就业指导课程的需要，针对即将走向社会的大学生的实际需求，由点到面、由浅入深。从知识的读解、工具的运用、形势的认知、观念的转变到实践引导，循序渐地阐述大学生职业发展历程的原理，详细分析了大学生创业与求职就业的必备技能。

本书即可作为各类本、专科院校的职业生涯规划、创业就业指导课程教材，也可作为职场新人学习职业生涯规划与创业就业的理论与方法的参考用书。

本书共分四个模块，其中上册包括生涯启蒙篇与生涯决策管理篇二个模块，在一年级使用；下册包括创业实务篇与就业指导篇二个模块，二年级使用。全书由黑龙江农垦职业学院李洪亮副院长担任主审，曲秀琴、郭捍华老师担任主编，茹玉、徐颖老师担任副主编，参与本书修订的教师有戈娇、王秀丽、刘文晶、唐海宏、王硕。各模块编写分工大体为：模块一、二主要由郭捍华、茹玉编写，模块三、四及附录由曲秀琴、徐颖编写。全书由曲秀琴统稿。黑龙江农垦职业学院教学副院长李洪亮全面地审阅了本书初稿，并提出了许多有价值的修改意见。本书编写过程中，参阅、引用了有关著作和教材。在此，一并致谢。

由于作者水平所限，加之本书对高职高专教材编写模式作了大胆的改革尝试，缺点和不足之处在所难免，敬请各位同仁及读者批评指正，以期后续的改进完善。

编　者

2014年6月

目　　录

模块一　生涯启蒙篇 ··· 1
　　任务一　生涯认知 ··· 3
　　任务二　自我认知 ··· 16
　　任务三　专业认知 ··· 53
　　任务四　撰写自我分析报告 ··· 66

模块二　生涯决策与管理篇 ··· 72
　　任务一　职业认知 ··· 74
　　任务二　生涯决策 ··· 87
　　任务三　生涯管理 ·· 111
　　任务四　职业素质与职业能力的提升 ································· 128
　　任务五　撰写生涯规划书 ··· 147

附录 ·· 161
　　附录A　几种常用的能力测量工具 ···································· 161
　　附录B　部分创业网站 ·· 162
　　附录C　部分求职网站 ·· 162
　　附录D　职业生涯规划书范例 ·· 163

参考文献 ·· 176

模块一

生涯启蒙篇

本模块学习目标

通过本模块的学习,使学生能够达到:

1. 知识目标

了解生涯规划的基本概念和相关理论;掌握影响职业生涯规划的因素。

2. 能力目标

能够结合实际分析自身存在的职业生涯困惑与问题;能够运用 SUPER 理论绘制自己的生涯彩虹图;能够结合自身实际情况分析自身存在的影响生涯规划的因素。

3. 素质目标

认识职业生涯规划与自身职业发展的关系,唤醒学生的职业生涯规划意识。

教	知识重点	了解生涯规划的基本概念和相关理论
	知识难点	能够运用 SUPER 理论绘制自己的生涯彩虹图
	推荐教学方式	课堂案例与生涯训练为主,双线并行
	教学场所	多媒体教室或实训室
	建议学时	4 学时
学	必须掌握的理论知识	职业生涯规划的概念、意义、步骤及对学业的影响及生涯规划的作用
	必须掌握的工作技能	创业生涯规划的角色认知
	能力训练	能够运用 SUPER 理论绘制自己的生涯彩虹图;能够结合自身实际情况分析自身存在的影响生涯规划的因素
	考核方式	考核方式采取过程性考核与终结性考核相结合的方式。最终成绩=平时成绩×30% +自我分析报告×40% +生涯人物访谈报告×30%

【单元寄语】

从学校走向社会,你将会面对一个全新的世界,在这个社会里,使你能够立足的是你的职业,它不仅是你生活的基础,更重要的是它能体现出你存在的价值。因此进行职业规划,对一个人的一生来说,就显得格外重要。人的生命只有一次,去珍惜它吧。问问自己,你到底在干什么? 一份工作是暂时的,而职业的发展是永恒的。职业生涯是一个人一生的工作历程,它是可以自己设计的。成功的人生需要正确的规划,因为你今天站在哪里并不重要,但是你下一步迈向哪里却很重要。

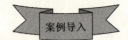 案例导入

- 一开学,林雅该上大学二年级了。随着对大学的新鲜感逐渐淡去,她成了校园里的老生,天天都很忙,上课、听讲座、参加社团活动、和同学逛街……但她又不知道自己在忙什么。有时觉得很累,可想到要为毕业后的工作打好基础,就觉得这些付出也许是值得的吧。有时又很茫然,甚至有点沮丧,因为忙得无头绪,不知道这样的付出对未来的发展有没有作用。
- 陈林觉得自己的大学生活很灰色。自己没什么爱好,每天除了学习还是学习,但90分的考试成绩和60分没有区别,所以学习没有什么动力。偶尔想起未来的发展,他有些迷茫和焦虑,但觉得那应该是毕业时考虑的事情。
- 席茜是大学二年级的学生。刚进入大学的时候,她对自己三年后的目标就很明确——升本。这主要来自父母的意见:"在大学扩招的背景下,大学毕业生每年以几十万的速度增长,不升本,怎么能找到好工作?"席茜开始还挺认同,但随着大学生活的深入,生性活泼的她参加了很多社会活动,乐在其中并小有成绩。席茜开始觉得继续读书并不是她喜欢的,自己更喜欢做与人打交道的工作。可是,对专科毕业生能否找到好工作,席茜很怀疑。所以,虽然很痛苦,但她依然每天复习,准备升本。

【问题】

你是否对上面几位同学的故事感到很熟悉?那么,现在请思考一下自己是否也有这些困惑?你的困惑是什么呢?

职业生涯规划就好比一张人生地图,每个人在地图上都有不同的路线。如何策划你的人生路线的呢?让我们从现在开始,一起来构思自己的人生蓝图吧!

 练习:请同学们写下自己目前存在的困惑。

_____
_____

一、职业生涯规划的基本概念

1. 职业生涯

(1)职业生涯的由来

"生涯"一词由来已久,"生"原意为"活着","涯"原意为"边际","生涯"连起来是"一生"的意思,这里指生命的宽度和深度。在英文里,"生涯"career,指古代的战车,后来逐渐引申为道路,即人生的发展道路,是指生命的经历和总的过程。职业生涯规划大师萨伯(super)认为,生涯是生活中各种事件的演进方向和历程,它综合了人一生中依序发展的各种职业和生活的角色,由此表现出独特的自我发展形式;它也是人生从青春期到退休后,一连串有酬与无酬职位之总和。除了职业之外,生涯还包括任何与工作有关的角色,如学生、受雇者、退休者,甚至也包括家庭、公民的角色。

(2)职业生涯的含义

职业生涯也称事业生涯,是指一个人一生连续担负的工作职业和工作职务的发展道路;是

一个人一生中所有与工作相联系的行为与活动,以及相关的态度、价值观、愿望等的连续性经历的过程。在一定程度上职业生涯可以说是多方面相互作用的结果。就其内在特性而言,它具有方向性,时间性,空间性的特点。

(3) 职业生涯的分期

人的职业生涯是其生活的主体,在其生涯中占据核心与关键的位置。一般认为人的职业生涯可以分为六个时期。

①职业准备期(一般从15、16岁开始直到面临就业时止)。这一时期包括职业技能学习和等待就业机会。

②职业选择期(一般集中在17、18岁到30岁左右)。在这一时期,人们根据社会需要和自己的能力、愿望作出职业选择。

③就业初期——职业适应期(成年初期)。人们走上职业岗位从事劳动,这是对人的职业能力实际检验。在这一时期里,许多人能在一两年时间内顺利适应某一种职业(适应期或长或短)或难以适应又重新选择。

④就业稳定期(成年、壮年期)。这一时期占据人的职业生活的绝大部分,是人的劳动效果最好的时期,也是成就事业、获得社会地位的关键时期。

⑤就业后期。由于人的生理条件改变,人的职业能力会发生缓慢的不可避免的减退。

⑥职业结束期。由于年老体衰而结束职业生涯。

在个人的职业生涯中,职业准备期是基础,在很大程度上决定着职业的选择和稳定性;职业选择期是关键时期,它决定着人的职业适应期或长或短,或胜任或难以适应;就业稳定期延续的时间最长,是创业、立业的宝贵时机。

(4) 职业生涯的特点

每一个人的职业生涯发展轨迹都不相同,但是从总体上看,个人的职业生涯发展仍具有以下几个特点:

①独特性。每个人都有自己的职业条件,有自己的职业理想,有自己的职业选择,有为实现自己的职业理想所作的种种努力,从而也就有着与别人相区别的、独特的生涯历程。

②发展性。每个人的职业生涯都是一种发展演进的动态过程,具有一定的逻辑性。

③阶段性。每个人的职业生涯发展过程,都有着不同的阶段,可以分为不同的时期。每个人在不同的生涯阶段有着不同的任务和目标,职业生涯各个阶段之间具有递进性。

④终身性。每个人的职业生涯作为一种动态发展的历程,是根据个人在不同阶段的企求而不断蜕变与成长,直至终生。

⑤整合性。职业生涯具有整合性,涵盖人生整体发展的各个层面,而不是仅仅局限于工作或职位。

⑥互动性。人的生涯是个人与他人、个人与环境、个人与社会互动的结果。人的自我观念,人的主观能动性,个人所掌握的社会职业信息,所掌握的职业决策技术,对于其生涯发展有着重要影响。

2. 职业生涯规划

(1) 职业生涯规划的含义

职业生涯规划是指个人在对自己职业生涯的主客观条件进行测定、分析、总结研究的基础上,对自己的兴趣、爱好、能力、经历以及职业倾向等各方面进行全面的综合分析,结合时代的特点,确定最佳的职业奋斗目标,并为这一目标的实现,作出行之有效的安排。职业生涯规划的本质在于选择所追求的目标和实现目标的最佳方案。

职业生涯规划的目的绝不只是协助个人找到一份工作,更重要的是帮助个人真正了解自己,并且详细估量内外环境的优劣和限制,为自己订下事业大计,筹划未来,拟定一生的、合理可行的职业生涯发展方向。

(2)职业生涯规划的类型

按照规划的时间维度,职业生涯规划可以分为短期规划、中期规划、长期规划和人生规划四种类型。

①短期规划。一般是2年以内的规划,主要是确定近期目标,规划近期应完成的任务。例如,计划用1~2年的时间熟悉新环境,并融合到新的环境中,为此,要花较多的时间与同事、领导沟通,向过来人学习。

②中期规划。一般是2~5年时间的规划,这是最为常用的一种职业生涯规划形式。例如,2年后要成为模范员工或者部门主管,完成相应的业绩,以及为实现此目标而采取的技能培训等具体措施。

③长期规划。一般是5~10年的规划,主要是设定较长远的目标。五年时间可以积累丰富的工作经验,一般对工作已做到熟能生巧了,所以,这时应该有个质的飞跃。如新入职人员规划30岁时成为公司副经理,以及为实现此目标应采取的具体措施。

④人生规划。整个职业生涯的规划,时间长至40年左右,用来设定整个人生的发展目标和阶梯。

在实际操作中,时间跨度太长的规划由于环境、个人的变化而难以把握;而时间跨度太短的规划又没有多大的意义。这需要引起我们的注意,并在实践中加以权衡。

(3)职业生涯规划的特征

①个性化特征。个人职业生涯规划必须由当事人来主导。每个人的成长环境、教育背景、个性类型、文化资本构成、价值观、年龄、性别、资历、能力、学历、专业、学科、职业生涯目标、对成功评价的标准等不尽相同,所以,不同人的职业生涯规划也必不相同。

②可行性特征。职业生涯规划要结合实际情况,它不仅包含个人自身的实际情况,而且包括所处的经济、社会环境等实际情况,因此必须在主客观条件允许的情况下进行职业生涯规划,方能取得成功。否则,只能是空谈。

③阶段性特征。职业生涯目标的制订与实现并不是一蹴而就的,因此,在进行职业生涯规划的过程中,需要将总体目标分解为阶段性目标,并为此制订相应的具体措施。当然,在实现或即将实现某一阶段性目标时,应该及时着手制订下一阶段的具体目标和措施。

④连续性特征。虽然职业生涯规划的具体措施是分阶段进行的,但是,各阶段之间并不是割裂开的,而是连续的,前一阶段目标的实现是为实现下一阶段、更高一级目标做铺垫的,而后一阶段是在前面各阶段完成的基础上起步的。

⑤动态性特征。职业生涯规划本身是一个动态的概念,很少有人一生从事同一个职业,因而职业生涯规划也应该是动态的,需要随着自身情况或外界环境的变化而进行适当的调整,甚至变更原来的规划。另外,规划应该有一定的弹性,以便在需要进行调整时可以调整的空间,不要让计划束缚了自己的手脚。

⑥相对稳定性特征。一个人的职业生涯规划一旦确定之后,如无特殊情况,一般应该保持

其相对稳定性。如果一个人朝三暮四,摇摆不定,那么,注定他的一生必将一事无成。

二、职业生涯规划的意义

职业生涯规划是一个人实现主要目标的时间表,也是无数中、短期目标的积累。大学生面临着越来越激烈的就业竞争,面对知识经济和全球信息化的时代,职业生涯规划对于大学生职业成功和人生成功有着特别重要的意义。我们无法决定生命的长度,但是我们有没有办法来拓展生命的宽度和深度呢?大学时期我们对生涯的思考和规划,在很大程度上决定了我们未来生命的宽度和深度。

1. 职业生涯规划可以帮助学生正确认识自我,避免盲目就业。
2. 生涯规划可以帮助学生进一步了解社会,增强社会竞争能力。
3. 职业生涯规划可以培养学生的自信心,提高自身综合素质。
4. 职业生涯规划可以帮助学生实现职业成功,促成自我实现。

三、职业生涯规划的内容与步骤

大学作为大学生职业生涯规划的第一站,大学生在这里该如何对他们的职业生涯进行规划呢?通常,一份好的职业生涯规划应该包括以下几个方面的内容与步骤。

1. 确定志向

志向是事业成功的基本前提,没有志向,事业的成功也就无从谈起。俗话说:志不立,天下无可成之事。立志是人生的起跑点,反映着一个人的理想、胸怀、情趣和价值观,影响着一个人的奋斗目标及成就的大小。所以,在制订生涯规划时,首先要确立志向,这是制订职业生涯规划的关键,也是职业生涯中最重要的一点。

2. 自我评估

自我评估的目的是认识自己、了解自己。因为只有认识了自己,才能对自己的职业作出正确的选择,从而选定适合自己发展的职业生涯路线,才能对自己的职业生涯目标做出最佳抉择。自我评估包括自己的兴趣、能力、性格、价值观、情商、思维方式方法和道德水准等。

3. 职业生涯机会的评估

职业生涯机会的评估,主要是评估各种环境因素对自己职业生涯发展的影响。环境因素主要包括组织环境、政治环境、社会环境及经济环境。每一个人都处在一定的环境之中,离开了这个环境便无法生存和成长。所以,在制订个人职业生涯规划时,要分析环境条件的特点、环境的发展变化情况、自己与环境的关系、自己在这个环境中的地位、环境对自己提出的要求以及环境对自己有利的条件与不利的条件等。只有对这些环境因素充分了解,才能做到在复杂的环境中避害趋利,职业生涯规划才具有实际意义。

4. 职业与职业生涯路线的选择

(1)职业选择

职业选择正确与否,直接关系到人生事业的成功与失败,因此,职业选择对人生事业发展十分重要。如何才能选择正确的职业呢?至少应考虑兴趣、能力、性格、价值观、内外环境等因素与职业的匹配。

(2)职业生涯路线的选择

在职业确定后,往哪一路线发展,此时要作出选择,是向行政管理路线发展,还是向专业技术路线发展。由于发展路线不同,对职业发展的要求也不相同。因此,在职业生涯规划中,需作出抉择,以便自己的学习、工作以及各种行动措施沿着自己的职业生涯路线或预定的方向前进。职业生涯路线的选择需考虑以下三个问题。

①我想往哪一路线发展?
②我能往哪一路线发展?
③我可以往哪一路线发展?

对以上三个问题,进行综合分析,以此确定自己的最佳职业生涯路线。

5. 设定职业生涯目标

职业生涯目标的设定是职业生涯规划的核心。一个人事业的成败,很大程度上取决于有无正确适当的目标。没有目标如同驶入大海的孤舟,视野茫茫,没有方向,不知道自己走向何方。只有树立了目标,才能明确奋斗方向。目标犹如海洋中的灯塔,引导自己避开暗礁险石,走向成功。

目标的设定是继职业选择、职业生涯路线选择后,对人生目标做出的抉择,是以自己的兴趣、能力、性格、价值观、资源等信息为依据的。目标通常分短期目标、中期目标、长期目标和人生目标。短期目标一般为1~2年,分日目标、周目标、月目标、年目标;中期目标一般为3~5年;长期目标一般为5~10年。

6. 制订行动计划与措施

在确定了职业生涯目标后,行动便成了关键的环节。没有行动,目标就难以实现,也就谈不上事业的成功。例如,为达到目标,在工作方面,你计划采取什么措施来提高你的工作效率;在业务素质方面,你计划学习哪些知识,掌握哪些技能来提高你的业务能力;在潜能开发方面,你将采取什么措施等,都要有具体的计划与明确的方法,以便定时检查。

7. 评估与回馈

俗话说:计划赶不上变化。影响职业生涯规划的因素诸多,有的变化因素是可以预测的,而有的则难以预测。在此状况下,要使职业生涯规划行之有效,就需要不断地对职业生涯规划进行评估与修订。其修订的内容包括职业的重新选择;职业生涯路线的选择;人生目标的修正;实施方法与计划的变更等。

四、影响职业生涯规划的因素

影响职业发展与生涯规划的因素是多方面的,其中有个人素质、心理等主观方面的因素,也有社会环境、机遇等客观方面的因素,它们相互关联,相互依靠,共同影响着一个人的职业生涯发展。影响职业生涯规划的因素主要包括以下几个方面。

1. 影响职业生涯发展的自身因素

(1)性别

尽管强调男女平等是我们国家的基本国策,但在现实生活中不同性别的人还是会有不同的职业优势倾向。虽然一个人的性别应该不会影响自己的事业选择和成功,但一般情况下,大多数人还是愿意选择有性别优势的岗位。比如,护理类女生多,营销类男生多等。

(2)年龄

对工作的看法和态度、对机会尝试的勇气、对胜任任务的能力和经验,不同年龄的表现都会有所不同。一个企业招聘研发人员、售后技术支持人员一般愿意直接从高校毕业生中招聘,招聘管理岗位人员一般愿意招聘有一定人事处理经验的人。因为研发、技术支持需要队伍年轻化,而管理层,需要年龄稍微年长的人。

(3)健康状况

现实生活中,几乎所有的职业都需要健康的身体。如果失去了健康这个前提,生命都将可能枯萎凋零。随便一家企业或用人单位,面对身体状况不是特别好的面试者都会有选择的犹豫,大学生要保持良好的精神面貌,时刻关注自身的健康状况,因为健康是一切的基础。

(4)个性特征与兴趣爱好

不同气质、性格、能力的人适合不同类型的工作。认识自己是成就自己的前提,我们每个人都有自己独特的天赋和能力。

(5)其他

一个人的状态也深深影响着职业的选择,倘若当时某个人正遭遇了人生重大变化,可能他的生涯规划就会有失真实和科学。近些年在情绪与职业决策的关系方面的研究充分说明了这一点。由于每个人的性格类型、应激机制、思维、经验等存在着较大差异,使人们在重大变故变迁面前的反应差别很大,甚至大相径庭。

2. 影响职业生涯发展的家庭因素

家庭环境是一个人人格特点、价值观、需求、学习能力主要养成的场所,是影响职业决策的重要因素。家庭对择业态度、观念、行为产生的影响,有时甚至成为职业决策的决定因素。

(1)家庭经济水平

每个家庭的经济状况不同,经济水平的高低对职业生涯发展会产生很大影响。生活在贫困家庭中的学生往往会养成许多优良的品质,比如独立工作能力强,能吃苦耐劳等。因此,在职业生涯发展方面较有持久性。生活在经济水平高的家庭中,获得的信息可能相对较多,物质的满足相对更充裕一些,但也并非一定就是好事。如果过分溺爱,可能形成子女更多的依赖性格,在职业发展过程中,可能会显得盲从。

(2)父母职业水平和教育程度

父母职业是孩子最早观察模仿的角色,孩子必然会受到父母职业技能的熏陶。父母的职业经历对子女的职业决策有较大影响,大多数父母都有意识地将自己的生活阅历、职业感受和职业价值观灌输给子女,子女也倾向于将父母的职业发展经历作为自身职业发展的借鉴和参考。

(3)家庭社会关系影响

家庭社会关系对大学生的职业发展也有较大影响,它能提供给大学生的就业信息往往针对性较强,这些信息一般能直接提供最全面的行业及职位信息,并能对其进行推荐,成功率较高。而缺乏家庭社会关系的大学生职业发展压力更大、竞争更激烈,往往会形成非科学、非理性的职业决策。这类学生由于在职业发展中处于劣势,所以在择业辅导方面应给以更多的关注和指导。

总之,大学生在做职业决策的时候,要深刻地看到家庭因素的影响作用,积极借鉴父母的人生经验,认真倾听家人的意见,同时结合自身个性特征,综合分析各种信息和影响因素,最后给出自身职业发展的理性定位。

3. 影响职业生涯发展的环境因素

除了个人和家庭因素影响着我们的职业决策,社会因素对于职业生涯决策的影响也是不容忽视的。

（1）政策导向

一个国家的社会政策影响着一个行业的兴衰，很多行业的未来发展趋势是和国家的政策导向息息相关的。不同时期的就业政策，体现着不同时期社会的需要，是人才资源配置的具体准则，也是毕业生就业过程中所遵循的基本规范。所以大学生要积极通过新闻媒体、网页浏览、阅读政府工作报告等，了解各行业的发展态势，了解国家倡导优先发展什么产业，积累必要的政策信息和行业信息，搭建自己的信息导向平台。

（2）社会需求因素

在职业发展过程中，我们非常强调择世所需原则，即职业要符合社会需求。可见，社会需求深刻影响着我们的职业发展与决策。一般来说，社会需求是促进行业发展的长远动力，是大学生职业发展要考虑的重要因素。所以大学生在确立职业目标时，要多分析，多了解社会需求，了解自身所选择的职业在社会中的地位、作用、发展现状，对自身社会生活会有怎样的影响。如果选择的职业既有政策导向的支持，又符合社会需求，还是自己所喜爱的职业，那么无论对于择业者自身还是对于被选择的行业发展都将是非常有利的。

五、创业生涯规划

1. 自主创业：一种职业的选择

与其他的职业相类似，创业也是职业生涯规划过程的一种职业选择。在进行创业职业决策时，也同样要遵循职业生涯规划的基本理论与模型。

人职匹配理论是经典职业生涯规划理念之一，其基本含义在于当组织或工作情境满足个体需求、价值、要求或偏好时发生的匹配。

从人职匹配理论发展得出职业生涯规划的基本模型图1.1可知：

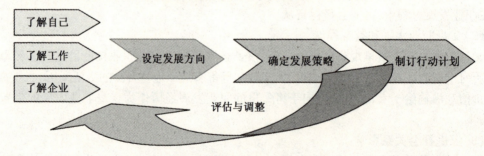

图1.1　生涯规划基本模型图

创业，同其他职业一样，成功的创业者有着一些共同的特征，这些特征对创业成功有着重要的作用。因此，进行创业决策，是从对这些创业特征和特质的了解，并进而对个体的了解和探索开始的。

从自主创业和雇佣就业的比较看，可以看到两种选择的优势与挑战是彼此对应的。有这样的好处，必然带来相应的挑战。如创业虽然可以使人拥有更大的自由与空间，但同时也赋予创业者更大的责任；雇佣就业只需承担较小的风险，但同时也意味着有限的回报。没有完美的选择，同所有的职业选择一样，潜在的创业者在做出决定之前需要问自己的第一个问题，也是最重要的问题，就是"我想要的是什么？"或"我的目标是什么？"你需要聆听自己内心的声音，要了解自己的梦想、价值观、兴趣，据此去考量创业选择是不是你想要的、你要创什么样的业，从而做出适合自己的决定。例如,对于喜欢挑战、追求自我实现的人来说,创业是一个很好的备选;而把稳定、安逸等特征看得更重要的人,在一个平稳的组织里就业可能是更合适的选择。把握住对自己最重要的东西,同时接纳随之而来的挑战,这就是真正属于自己、适合自己的选择。

2. 创业倾向测试及解读

创业是人生职业生涯规划的一个重要选项。目前就业形势严峻、知识经济及经济全球化快速发展,对广大学生来说,选择走自主创业之路既存在难得的机遇,也面临着严峻的挑战。在选择自主创业之前,有必要学习和了解创业的基本知识,正确认识创业,明确为什么要创业以及创业可能面临的风险、问题和困难。在本部分内容中,我们首先向同学们介绍一些创业的基本知识。

(1)创业的要素

创业是指创业者通过发现和识别商业机会,组织各种资源,提供产品和服务以创造价值的过程。在这一定义中,包含以下几个要素:创业者、商业机会、组织、资源。

1)创业者

创业者是指创业过程中的核心个人或团体,是创业的主体。创业者承担个人钱财和声誉上的风险,在创业过程之中起着关键的推动和领导作用,包括商业机会的识别、企业组织的创立、融资、产品创新、资源获取、资源配置与运用以及市场开拓等。

2)商业机会

商业机会是由当前服务于市场的企业留下的市场缺口,它意味着顾客能得到比当前更好的产品和服务。商业机会就是创业机会,而利用这种商机,是创业者进行创业的主要驱动力量。利用商业机会并将其转化为价值的过程就是创业的过程。

3)组织

组织是协调创业活动的系统,是创业的载体。创业活动是在组织之中进行的,离开了组织,创业活动就无法协调,创业资源就无法整合,创业者的领导作用也就无从谈起。

4)资源

资源是组织之中的各种投入,包括人、财、物等。资源不仅包括有形资产,也包括无形资产,如品牌、专利、企业声誉等,所有这些资源都属于投资。创业者的关键职能之一就是吸引这些投资,将其转化为市场需要的产品和服务,实现商业机会的价值。

【案例解析】

比尔·拉福的创业生涯

一个美国小伙子立志做一名优秀的商人。

中学毕业后考入麻省理工学院,没有去读贸易专业,而是选择了工科中最普通最基础的专业——机械专业。

大学毕业后,这位小伙子没有马上投入商海,而是考入芝加哥大学,攻读为期三年的经济学硕士学位。

然而出人意料的是,获得硕士学位后,他还是没有从事商业活动,而是考了公务员。在政府部门工作了五年后,他辞职下海经商。

又过了两年,他开办了自己的商贸公司。20年后,他的公司资产从最初的20万美元发展到2亿美元。

这位小伙子就是美国知名企业家比尔·拉福。

1994年10月,比尔·拉福率团来中国进行商业考察,在北京长城饭店接受《中国青年报》记者采访时,他谈到他的成功应感激他的父亲的指导,他们共同制订了一个重要的生涯规划,最终这个生涯设计方案使他功成名就。

我们来看一下这个成功的简图:工科学习→工学学士→经济学学习→经济学硕士→政府部门工作→锻炼处世能力,建立广泛的人际关系→大公司工作→熟悉商务环境→开公司→事业成功。

第一阶段:工科学习

选择:中学时代,比尔·拉福就立志经商。他的父亲是洛克菲勒集团的一名高级职员,他发现儿子有商业天赋,机敏果断,敢于创新,但经历的磨难太少,没有经验,更缺乏必要的知识。于是,父子俩进行了一次长谈,并描绘出职业生涯的蓝图。因此升学时他没有像其他人一样直接去读贸易专业,而是选择了工科中最基础最普通的机械制造专业。

评析:做商贸必须具备一定的专业知识。在商品贸易中,工业品占绝大多数,不了解产品的性能、生产制造情况,就很难保证在贸易中得到收益。工科学习不仅是知识技能的培养,而且能帮助建立一套严谨求实的思维体系。清楚的推理分析能力,脚踏实地的工作态度,正是经商所需要的。

收获:比尔·拉福在麻省理工学院的四年,除了本专业,还广泛接触了其他课程,如化工、建筑、电子等,这些知识在他后来的商业活动中发挥了举足轻重的作用。

第二阶段:经济学学习

选择:大学毕业后,比尔·拉福没有立即进入商海而是考进芝加哥大学,开始了为期三年的经济学硕士课程学习。

评析:在市场经济下,一切经济活动都通过商业活动来实现,不了解经济规律,不学习经济学知识,就很难在商场立足。

收获:比尔·拉福掌握了经济学的基本知识,搞清了影响商业活动的众多因素,还认真学习了有关法律和微观经济活动的管理知识。几年下来,他对会计、财务管理也较为精通,在知识上已完全具备了经商的素质。

第三阶段:政府部门工作

选择:比尔·拉福拿到经济学硕士学位后考取了公务员,在政府部门工作了五年。

评析:经商必须有很强的人际交往能力,要想在商业上获得成功,必须深知处世规则,善于与人交往,建立诚信合作关系。这种开拓人际关系的能力只有在社会工作中才能得到提高。

收获:在环境的压迫下比尔·拉福养成了强烈的自我保护意识,由稚嫩的热血青年成长为一名老成、处事不惊的公务员,并结识了各界人士,建立起一套关系网络,为后来的发展提供大量的信息和便利条件。

第四阶段:通用公司锻炼

选择:五年的政府工作结束之后,比尔·拉福完全具备了成功商人所需的各种素质,于是辞职下海,去了通用公司。

评价:通过各种学习获得足够的知识,但知识要通过实践的锻炼才能转化为技能。

收获:在国际著名的通用公司进行锻炼,比尔·拉福不仅为实践所学的理论找到了一个强大平台,而且学习到了丰富的管理经验,完成了原始的资本积累。这也是大学生创业应该借鉴的地方,除了激情还应该考虑到更多的现实。

第五阶段:自创公司,大展拳脚

两年后,他已熟练掌握了商情与商务技巧,便婉言谢绝了通用公司的高薪挽留,开办了拉福商贸公司,开始了梦寐以求的商人生涯,实现多年前的计划。

评析:时机成熟后,应果断决策,切忌浪费时间,应抓住契机实现计划。

收获:比尔·拉福的准备工作,几乎考虑到了每个细节。拉福公司的成长速度出奇的快,二十年后,拉福公司的资产从最初的20万美元发展为2亿美元,而比尔·拉福本人也成为一个奇迹。

结论:比尔·拉福的生涯设计脉络清晰,步骤合理,充分考虑了个人兴趣、个人素质,并着重职业技能的培养,这种生涯设计在他坚持不懈的努力下,终于变为现实。

(资料来源:规划你的一生.时代金融.2006年10期)

(2)创业倾向测试

创业倾向测试测出你具备了创业的素质,也并不就是天然的创业者。实际上,影响创业的因素是很复杂的,既有创业者个人性格、爱好等因素,还有创业者所处的环境、创业者个人经历等方面的因素。这就好像一个人具备了成为数学家的潜质,却并不一定能成为数学家一样。如果他没有成为数学家的志向,自己又不刻苦努力,掣肘因素又很多,他肯定成不了数学家。创业也是如此。具备了创业者的素质,如果没有创业的倾向,最后也可能成不了真正的创业者。那么,怎样知道自己是否有创业的倾向呢?下面的这个测试也许有助于你了解自己是否能够创业。

请回答下面15个问题:

①你的父母、近亲、好朋友中间有没有创业成功人士?
②在你成长的过程中,你家里人有没有做生意的经验?
③你年幼时有没有自食其力的经历,譬如打工、摆摊赚钱的经历?
④你在学校的学习成绩是不是并不出色?
⑤你在学校里是不是不太合群?
⑥你在学校是否经常因行为不合规范受到批评?
⑦你是否对长期做同一工作感到乏味?
⑧你是否以为如果有机会你会比你的上司干得出色?
⑨你是否宁愿自己打球胜过看球?
⑩你是否对非小说类的书比小说类的书更感兴趣?
⑪你有没有被解雇或被迫辞职的经历?
⑫你是否属于那种说干就干而不是再三考虑后再做的人?
⑬你有没有常因为工作或个人问题而失眠?
⑭你是否认为自己是个决断而又比较实际的人?
⑮你是否积极参加集体活动?

以上15个问题,答"有"和"是"的得1分,答"没有"或"不是"的得0分。如果你的得分在12分以上,但你现在还没有创业的话,那么你的创业倾向是不明显的。如果你的得分低于12分而你已经创立了自己的事业的话,则你的创业倾向是很充沛的。要是你得分低于12分,但仍然没有创业,或你得分高于12分,而你确实已经创业,那么这个测验没有结论。

资料来源:http://boss.upicture.com.cn/Html/? 1040.html

六、生涯指导实训

1. 实训项目一:绘制自己的生涯彩虹图

(1)实训目的

了解自己的生涯历程,明确本专业岗位的职业能力与职业素养,初步探索自己的职业生涯。

(2)实训内容

①每位学生设定自己的生涯年龄,并根据不同的时间和角色在生涯彩虹图上标注。

②比较一下每条彩虹之间的不同点和角色转换原因。

③能够说出各条彩虹之间的关系,并指出自己较为重要的生涯阶段。

(3)实训场地

室内(全班同学参加)。

(4)考核方式

根据舒伯的生涯彩虹图1.2绘制出自己的生涯彩虹图。

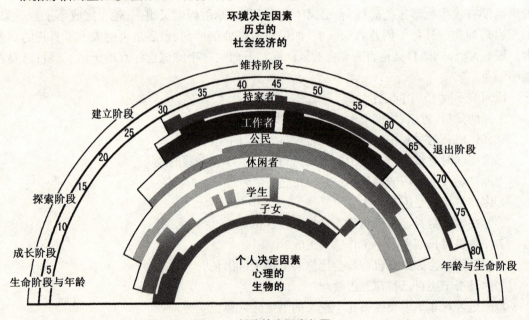

图1.2 舒伯的生涯彩虹图

2. 知识导读:什么是生涯彩虹图

生涯彩虹图是美国著名职业生涯学家舒伯为分析和描述个人生涯过程而设计使用的一个重要方法。为能够让大家在回顾自己过去发展历程的同时,也能够更好地展望和计划未来,面对今后的不同人生预期,做出初步的计划和时间分配,舒伯提出了一个更为广阔的新观念——生活广度、生活空间的生涯发展观。这个生涯发展观,除了原有的发展阶段理论之外,较为特殊的是加入了角色理论,并根据生涯发展阶段与角色彼此间交互影响的状况,描绘出一个多重角色生涯发展的综合图形。

☺ 下面我们就开始绘制自己的生涯彩虹图吧!

①列举不同的生涯角色。请大家根据自己的经历,列举过去所扮演过的生涯角色,并按照时间顺序写在纸上。

②对照自己罗列的生涯角色以及将来所要扮演的角色,思考每一个角色起止时间,以及在不同时间段上的角色投入的精力的多少。

③绘出生涯彩虹图。先画一个空白的彩虹,角色的名称可因人而异,在每一个阶段用涂色的方式表示角色的轻重,某一角色的颜色越深,表示这个角色你投入程度越高;每个角色的年龄可依个人状况而定,每个角色在不同年龄的意义与重要性是不同的。

④分析生涯彩虹图。完成自己的生涯彩虹图后,我们还可看看有没有哪些时间段涂得比较黑,或者哪些时间段的空白比较多,是不是意味着在规划中,这些时间段太忙或过于空疏,要不要做些调整。

讨论分析:
①生涯彩虹图对于我今后的生涯规划有何帮助?
②在绘制生涯彩虹图的过程中,我感觉有哪些地方比较困难?
③根据生涯彩虹图,我将如何安排好大学期间的学习和生活?
请在这里绘制自己的生涯彩虹图:

☺ 请结合自己的生涯彩虹图,对自己的职业向往和规划加以文字说明。

未来十年在不同角色上,我想要完成的事情和目标:
★学业:_____
★生活:_____
★工作:_____
★家庭:_____
★预计未来十年,我的环境可能发生哪些改变?
_____
_____

★我估计,自己未来必须面对的职业发展的难点会有哪些?
_____
_____

【任务小结】

本部分内容是职业生涯规划的开篇,能够帮助大学生培育积极的生活态度,树立正确的职业生涯规划意识,使大学生认识到学习职业生涯规划的必要性与重要性,获得自我发展的自主意识,形成正确的生涯发展观、自主学习观,而且可以使他们认识到影响职业生涯发展的因素,为制订科学的生涯规划奠定基础。

任务二 自我认知

	知识重点	充分认识自我认知与职业发展的关系
教	知识难点	自我认知的原则和方法
	推荐教学方式	运用测评工具与个性化咨询相结合
	教学场所	多媒体教室或实训室
	建议学时	8学时
学	必须掌握的理论知识	自我认知的重要意义、原则、方法和内容
	必须掌握的工作技能	自我分析与职业匹配
	能力训练	通过掌握自我认知的原则,运用测评工具进行自我评估,能够结合测评结果正确客观地分析自我
	考核方式	考核方式采取过程性考核与终结性考核相结合的方式。最终成绩=平时成绩×30%+自我分析报告×40%+生涯人物访谈报告×30%

【单元寄语】

同学们,你们了解自己吗?有的同学会说,"当然,自己还不了解自己嘛!"那你可以试着问问自己,"你的兴趣爱好有哪些?""你喜欢从事什么职业?""你能描述一下自己的性格吗?""你的性格适合从事什么职业?"好像有点答不出来了……

如果一个人不能正确地认识自我,看不到自身的优点,觉得处处不如别人,就会产生自卑,丧失信心,做事畏缩不前……相反,如果一个人过高地估计自己,也会骄傲自大、盲目乐观,导致工作的失误。因此,恰当地认识自我,实事求是地评价自己,是自我调节和人格完善的重要前提。

●孙婉莹像许多大学生一样,在高考填报志愿选择专业的时候是懵懵懂懂的,不知道该选什么专业好。别人告诉她"选你自己喜欢的",她却发现自己并不清楚真正喜欢什么。她听从大人的意见,选了就业形势比较好的护理专业。但是她经常会陷入困惑和迷茫,疑惑所学的专业究竟是否适合自己,不知道什么样的职业才是自己喜欢的。

【问题】

亲爱的同学们,上述案例中所述的现象,对于刚刚入学的你们来说是否感同身受？你认为你将如何度过自己的大学生活才更有意义呢？

 练习:列举出你选择专业的原因

_____

_____

一个人职业生涯的成功是需要建立在对自身兴趣、爱好和能力特长的良好把握基础上的。如果一个人对自己认识明确、把握良好,在此基础上规划自己的职业生涯势必如顺风驶船。

一、自我认知的重要意义

自我认知也叫自我评价,就是对自己作全面分析,客观地认识自我,充分了解自己的职业兴趣、能力结构、职业价值观、行为风格、自己的优势、劣势等。只有对自己有一个准确的认识,才能对自己的职业做出正确的选择。

希腊德尔斐遗址的阿波罗神庙,曾经被古希腊人认为是世界的中心,在庙前的石碑上刻着一道神谕:认识你自己！我国古代哲学家庄子说"知人者智,自知者明",现实中我们常说"人贵有自知之明"。可见,无论古今中外,先哲们都把"认识自己"看作是最高智慧。一个人越了解自己,越容易发现一条能够最大限度发挥潜力的职业轨道。如果在选择职业道路时,能把自己的兴趣、性格、能力、价值观考虑进去,你将能从未来的工作中得到极大的乐趣、满足感和成就感。正确地认识自我是迈向成功的职业生涯的第一步。

人一出生来到这个世界,就在不断地进行自我探索和自我调整。大学期间是自我同一性形成的关键时期,对于大学生来说,除了需要对自我有更多了解,捕到"鱼",也需要学习到探索自我的方式,学会"渔"。

二、自我认知的原则和方法

1. 自我认知的原则

自我认知是建立在自我观察与自我分析基础上的自我身心素质的全面评估。自我认知应把握如下原则:

(1)适度性

自我评价应该适当。不适当的自我评价包括过高的评价和过低的评价。过高的评价往往使自己脱离现实,意识不到存在限制自己发展的自身条件,甚至自傲狂妄,由自信走向自负;过低的自我评价往往忽视自我的长处,缺乏自信,过于自卑。过高或过低的自我评价,对自己都是不公正的。

(2) 全面性

自我评价应当全面。既要看到自己的优点和特长,又要看到自己的缺点和不足;既要对自我某一方面的特殊素质进行具体评价,又要对其他各个方面的素质进行综合评价;既要考虑到整体因素,又要考虑到其中占主导地位的重点因素。

(3) 客观性

自我评价还应当掌握客观性的原则。尽管是自己对自己进行体察、分析和评价,但毕竟需要以客观事实作为基础和依据。人贵有自知之明。"自知"的可贵之处,是与自知的不容易分不开的。"自知"之所以不容易,就在于自知的过程往往会受到个人主观因素的限制和干扰。只有努力克服和排除这种限制及干扰,才有可能使自我评价趋于客观和真实。

(4) 发展性

自我评价时,应以发展变化的眼光看待自己。世间万物都不可能是静止不变的,包括自我评价者自己。今日的自我,已不同于昨日的自我;明日的自我,显然也不会依然故我。自我评价不但应当对自己的现实素质作出适当、全面、客观的评价,而且应当着眼于未来的发展变化,预见性地评价自己将来的发展潜力和前景。

2. 自我认知的方法

自我认知的具体方法,主要包括自省法、比较法、橱窗法和心理测试法等。对于择业期间的大学生来说,应当注意使用正确的自我认知方法。既要重视躬行自省,又要广泛听取他人意见;既要重视心理测试结果的重要参考作用,但又不应对其产生绝对迷信。不论采用何种方法,都要注意相互之间参照与综合,这样才有利于做出准确全面的自我认知。

(1) 自省法

自省法是人们经常使用的一种自我评估方法,是个体通过对自己的行为及自身的体验对照评估指标进行反省,以达到对自己的行为状态、特征和对体验的理解和评估的方法。

自省法比较适合于经常性和及时性的评估。因为时隔时间太长,一是使素材收集的难度加大,二是使错误缺点不能得到及时的纠正,影响进步,也可能铸成大错。

应该学会每天问自己几个问题。

①我拥有什么?

②我应对什么心存感激?

③我怎样过好今天?

④我现在就开始行动?

(2) 比较法

"以古为镜,可以知兴衰;以人为镜,可以知得失。"古人很早就会用比较法来认识自我。比较法分为自我前后比较和与他人比较。

①自我前后比较——一种纵向比较方式。它把以前某一时段的自我作为参照,对照现今的自我,从中发现其共同点和不同点,从而对自己做出评估。这种方法比较适合学生以学年为单位进行比较。例如,可以通过对大学二年级和一年级时期进行比较,就能发现自己在思想品德、学习能力、探索精神、特长等方面有无进步,在社交能力、适应能力、实践能力方面有无提高,以及在兴趣和希望等方面有无变化等。

②与他人比较——以人为镜。这种方法的要点是"我"把他人在社会、学校及在自己心中的感觉和形象与"我"在自己心中的感觉和形象加以比较,来进行自我评估的方法。与他人进行比较时,要注意挖掘自身的相对优势,即挖掘与他人相比较时自身呈现出来的更高的觉悟、更强的能力、更大的本领、独有的特长和发展潜力。但这种比较要客观,不能自欺欺人。比较法适合较长周期的自我评估。

(3)橱窗法

橱窗法如图1.3所示。

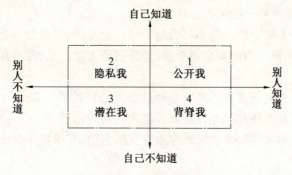

图1.3 橱窗法图示

这个坐标橱窗明显地把自我分成四个部分,即四个橱窗。

橱窗1:"公开我",这是自己知道、别人也知道的部分,属于个人展现在外,无所隐藏的部分。

橱窗2:"隐私我",这是自己知道、别人不知道的部分,属于个人内在的隐私和秘密的部分。

橱窗3:"潜在我",这是自己不知道、别人也不知道的部分,是蕴藏着无限潜能但有待进一步开发的部分。

橱窗4:"背脊我",这是自己不知道别人知道的部分,就像自己的背部一样,自己看不到,别人却看得清楚。

在进行自我分析时,"潜在我"和"背脊我"是自我中的盲点,因此认识自我的重点是了解"潜在我"和"背脊我"这两部分。

"潜在我"是影响一个人未来发展的重要因素,因为每个人都有巨大潜能。据科学家研究,一个人一生所发挥出来的能力,只占他全部能力的4%,也就是说,一个人96%的能力还未开发,因此,认识与了解"潜在我"是认识自我的重点之一。

"背脊我"是对自己进行准确评价的重要方面,如果自己诚恳地、真心实意地征询他人的意见和看法,就不难了解"背脊我"。做到这一点,需要有开阔的胸怀、正确的态度和有则改之、无则加勉的精神,否则,就很难听到别人的真实评价。

(4)心理测试法

心理学家以特定的理论为基础,用科学的方法,经过设计问题、抽样统计、建立模型等程序编写测评工具,运用测评工具对被测评者进行测评。

目前,心理测试的范围很大,可选择的心理测试也很多,需要指出的是,要根据自己职业生涯规划的需要选择测试,一定要选择那些比较权威的机构提供的测试题,测试要在专业人员和教师的指导下进行,否则,效果可能不会好或干脆对了解自己没有任何帮助,甚至有害。

心理测试法主要包括智力测验、性格测验、潜能测验、职业兴趣测验、气质测验、情绪测验、技能测验、记忆力测验、创造力测验、观察力测验……

三、自我认知的内容

职业生涯自我认知主要包含四个方面的内容：兴趣、人格特质、能力和价值观，每个方面都有不同的特点和作用。

兴趣，是指为了乐趣或享受而做的事情，是个体愿意充满热情投入其中的活动，可以为个体所从事的职业活动提供持久的动力。

人格特质，是指个人稳定的态度和习惯化了的行为方式，也是指一个人在各种场合一贯表现出来的某种特征。人格特质的概念很复杂，包括的范围很广泛，几乎涉及人的心理过程及个性特征的各个方面。

能力，是人们能顺利完成某种活动所必须具备的心理特征。也是一个人能否进入职业的先决条件，它对人的职业选择和职业发展起着极大的制约作用。

价值观，是某些对你来说很重要的或你很想要的东西，它决定了在面临选择时你对事物取舍的优先次序。

在大学生职业生涯规划中，通过对兴趣、人格、能力和价值观的探索，根据每一个维度确定相应的职业选择范围，在各维度均重复出现的职业就是最适合从事的。具体来说，对兴趣的探索，可以明确自身愿意充满热情投入其中的活动，以此为基础确定职业选择范围；对人格特质的探索，可以理解自身的行为习惯，在进行职业规划和求职时可以更好地发挥优势，避免劣势；对能力的探索，可以发现自身具备的能力，一方面可以找出目前能够胜任的职业，另一方面可以和理想职业需要的能力进行比较，看自身是否具备获得和从事该职业的资格，并有针对性地提升个人能力；对价值观的探索，可以了解自身最看重的事物，在面对选择时更知道该如何取舍。

1. 兴趣探索

一个人做自己喜欢做的事就不会感觉辛苦。成功就是成为最好的你自己，成功的第一步：把握人生目标，做一个主动的人；成功的第二步：尝试新的领域、发掘你的兴趣；成功的第三步：针对兴趣，定阶段性目标，一步步迈进。——李开复

（1）兴趣的概念

兴趣是一种重要的心理倾向，是个体以特定的事物、活动及人为对象，所产生的积极的和带有倾向性、选择性的态度和情绪，是个体力求认识某种事物和从事某项活动的意识倾向。兴趣是多种多样的，不同的人兴趣不同；同一人也有多种不同的兴趣。

当兴趣直接指向与职业有关的活动时，就称之为职业兴趣。职业兴趣是指一个人在探究某种职业活动或者从事某种职业活动时所表现出来的特殊个性倾向，它使个人对某种职业给予优先的注意，并具有向往的情感。职业兴趣是职业的多样性、复杂性与职业人员自身个性的多样性，相对应下反映出一种特殊的心理特点。

职业兴趣上的个体差异是相当大的，也是十分明显的。因为，一方面，现代社会职业越来越分化，活动的要求和规范越来越复杂，各种职业间的差异也越来越明显，所以对个体的吸引力和要求也就迥然不同。另一方面，个体自身的生理、心理、教育、社会经济地位、环境背景不同，所乐于选择的职业类型、所倾向于从事的活动类型和方式，也就十分不同。

由以上可知，职业兴趣反映了职业特点和个体特点之间的匹配关系，是人们职业选择的重

要依据和指南。

(2) 兴趣与职业发展的关系

许多研究指出,单独使用能力并不能预测职业生涯的成功和失败,你的兴趣、性格、价值观等情感性倾向因素对你的职业生涯适应性都有影响,因而必须加以考虑。而在这些因素中,又以兴趣所起的作用最大。

1) 职业兴趣影响职业定向和职业选择

著名职业经理人李开复先生,当年读大学选专业时曾经走过"世俗"的道路,选择攻读比较热门的法律专业,可是一年多后,他才发现自己对法律没有兴趣,但对于计算机即使每天疯狂地编程也乐此不疲。在老师的鼓励和自己慎重分析后,李开复在大二决定转入哥伦比亚大学默默无名的计算机系。想起当年的人生选择,李开复感慨地说道:"若不是那天的决定,今天我就不会拥有计算机领域的成就,很可能只是在美国某个小镇上,做一个既不成功又不快乐的律师。"

2) 职业兴趣能够开发人的能力、激发人的探索与创造

职业兴趣是创新的源泉,它可以使人的求知欲增强,从而朝气蓬勃地去参加工作并积极地进行探索,使他能最大限度地去挖掘潜能,在职业实践活动中充分施展才华,创造出新的业绩,或有一个发展空间。有关研究资料表明,如果一个人对某一工作有兴趣,他便能发挥其全部才能的80%~90%,如果一个人对所从事的工作不感兴趣,他在工作中只能发挥其全部才能的20%~30%。

3) 职业兴趣能够增强人的职业适应性和稳定性

一个人在从事某类他所感兴趣的工作时,就会产生强烈的兴趣和满足感,他会尽可能发挥他的全部才能,并且长时间保持高效率而不知疲倦;反之,当一个人对某项工作不感兴趣时,就会把工作当成苦差,就可能会消极怠工,很容易感到疲劳、厌倦。同时广泛的兴趣亦能使人对多变的环境应付自如,即使变换工作性质,也能很快地熟悉和融入新的工作。总之,职业兴趣使人们明确自己的主观倾向,从而能得到最适宜的活动情境并给予最大的关注与能力投入,进而增强人的职业适应性和稳定性。

(3) 职业兴趣自我探索

本测验选择霍兰德职业倾向测评中的三个部分,每部分测验都没有时间限制,但请你尽快按要求尽可能一次完成。

第一部分 你所感兴趣的活动

下面列举了若干种活动,请就这些活动判断你的好恶。喜欢的,请选择"是";不喜欢的,请选择"否"。请按顺序回答全部问题。

R:现实型活动

(1) 装配修理电器或玩具　　　　　　　　　　　　是□ 否□
(2) 修理自行车　　　　　　　　　　　　　　　　是□ 否□
(3) 用木头做东西　　　　　　　　　　　　　　　是□ 否□
(4) 开汽车或摩托车　　　　　　　　　　　　　　是□ 否□
(5) 用机器做东西　　　　　　　　　　　　　　　是□ 否□
(6) 参加木工技术学习班　　　　　　　　　　　　是□ 否□

(7)参加制图描图学习班　　　　　　　　　　　是□　否□
(8)驾驶卡车或拖拉机　　　　　　　　　　　　是□　否□
(9)参加机械和电气学习班　　　　　　　　　　是□　否□
(10)装配修理机器　　　　　　　　　　　　　 是□　否□

统计"是"一栏得分,计_____。

I:研究型活动

(1)读科技图书和杂志　　　　　　　　　　　　是□　否□
(2)在实验室工作　　　　　　　　　　　　　　是□　否□
(3)改良水果品种,培育新的水果　　　　　　　 是□　否□
(4)调查了解土和金属等物质的成分　　　　　　是□　否□
(5)研究自己选择的特殊问题　　　　　　　　　是□　否□
(6)解算术或玩数学游戏　　　　　　　　　　　是□　否□
(7)物理课　　　　　　　　　　　　　　　　　是□　否□
(8)化学课　　　　　　　　　　　　　　　　　是□　否□
(9)几何课　　　　　　　　　　　　　　　　　是□　否□
(10)生物课　　　　　　　　　　　　　　　　 是□　否□

统计"是"一栏得分,计_____。

A:艺术型活动

(1)素描/制图或绘画　　　　　　　　　　　　 是□　否□
(2)参加话剧/戏剧　　　　　　　　　　　　　 是□　否□
(3)设计家具/布置室内　　　　　　　　　　　 是□　否□
(4)练习乐器/参加乐队　　　　　　　　　　　 是□　否□
(5)欣赏音乐或戏剧　　　　　　　　　　　　　是□　否□
(6)看小说/读剧本　　　　　　　　　　　　　 是□　否□
(7)从事摄影创作　　　　　　　　　　　　　　是□　否□
(8)写诗或吟诗　　　　　　　　　　　　　　　是□　否□
(9)进艺术(美术/音乐)培训班　　　　　　　　是□　否□
(10)练习书法　　　　　　　　　　　　　　　 是□　否□

统计"是"一栏得分,计_____。

S.社会型活动

(1)学校或单位组织的正式活动　　　　　　　　是□　否□
(2)参加某个社会团体或俱乐部活动　　　　　　是□　否□
(3)帮助别人解决困难　　　　　　　　　　　　是□　否□
(4)照顾儿童　　　　　　　　　　　　　　　　是□　否□
(5)出席晚会、联欢会、茶话会　　　　　　　　是□　否□
(6)和大家一起出去郊游　　　　　　　　　　　是□　否□
(7)想获得关于心理方面的知识　　　　　　　　是□　否□
(8)参加讲座或辩论会　　　　　　　　　　　　是□　否□
(9)观看或参加体育比赛和运动会　　　　　　　是□　否□

(10)结交新朋友　　　　　　　　　　　　　　　　是□ 否□
统计"是"一栏得分,计_____。

E:企业型活动
(1)说服、鼓动他人　　　　　　　　　　　　　　是□ 否□
(2)卖东西　　　　　　　　　　　　　　　　　　是□ 否□
(3)谈论政治　　　　　　　　　　　　　　　　　是□ 否□
(4)制订计划、参加会议　　　　　　　　　　　　是□ 否□
(5)以自己的意志影响别人的行为　　　　　　　　是□ 否□
(6)在社会团体中担任职务　　　　　　　　　　　是□ 否□
(7)检查与评价别人的工作　　　　　　　　　　　是□ 否□
(8)结交名流　　　　　　　　　　　　　　　　　是□ 否□
(9)指导有某种目标的团体　　　　　　　　　　　是□ 否□
(10)参与政治活动　　　　　　　　　　　　　　　是□ 否□
统计"是"一栏得分,计_____。

C:常规型(传统型)活动
(1)整理好桌面和房间　　　　　　　　　　　　　是□ 否□
(2)抄写文件和信件　　　　　　　　　　　　　　是□ 否□
(3)为领导写报告或公务信函　　　　　　　　　　是□ 否□
(4)检查个人收支情况　　　　　　　　　　　　　是□ 否□
(5)打字培训班　　　　　　　　　　　　　　　　是□ 否□
(6)参加算盘、文秘等实务培训　　　　　　　　　是□ 否□
(7)参加商业会计培训班　　　　　　　　　　　　是□ 否□
(8)参加情报处理培训班　　　　　　　　　　　　是□ 否□
(9)整理信件、报告、记录等　　　　　　　　　　是□ 否□
(10)写商业贸易信　　　　　　　　　　　　　　　是□ 否□
统计"是"一栏得分,计_____。

第二部分　你所喜欢的职业

下面列举了多种职业,请逐一认真地看,如果是你有兴趣的工作,请选择"是";如果你不太喜欢、不关心的工作,请选择"否"。请按顺序回答全部问题。

R:现实型活动
(1)飞机机械师　　　　　　　　　　　　　　　　是□ 否□
(2)野生动物专家　　　　　　　　　　　　　　　是□ 否□
(3)汽车维修工　　　　　　　　　　　　　　　　是□ 否□
(4)木匠　　　　　　　　　　　　　　　　　　　是□ 否□
(5)测量工程师　　　　　　　　　　　　　　　　是□ 否□
(6)无线电报务员　　　　　　　　　　　　　　　是□ 否□
(7)园艺师　　　　　　　　　　　　　　　　　　是□ 否□
(8)长途公共汽车司机　　　　　　　　　　　　　是□ 否□

(9) 电工　　　　　　　　　　　　　　　　是□ 否□

统计"是"一栏得分,计＿＿＿＿。

I:研究型职业

(1) 气象学或天文学者　　　　　　　　　是□ 否□
(2) 生物学者　　　　　　　　　　　　　是□ 否□
(3) 医学实验室的技术人员　　　　　　　是□ 否□
(4) 人类学者　　　　　　　　　　　　　是□ 否□
(5) 动物学者　　　　　　　　　　　　　是□ 否□
(6) 化学学者　　　　　　　　　　　　　是□ 否□
(7) 数学学者　　　　　　　　　　　　　是□ 否□
(8) 科学杂志的编辑或作家　　　　　　　是□ 否□
(9) 地质学者　　　　　　　　　　　　　是□ 否□
(10) 物理学者　　　　　　　　　　　　是□ 否□

统计"是"一栏得分,计＿＿＿＿。

A:艺术型职业

(1) 乐队指挥　　　　　　　　　　　　　是□ 否□
(2) 演奏家　　　　　　　　　　　　　　是□ 否□
(3) 作家　　　　　　　　　　　　　　　是□ 否□
(4) 摄影家　　　　　　　　　　　　　　是□ 否□
(5) 记者　　　　　　　　　　　　　　　是□ 否□
(6) 画家、书法家　　　　　　　　　　　是□ 否□
(7) 歌唱家　　　　　　　　　　　　　　是□ 否□
(8) 作曲家　　　　　　　　　　　　　　是□ 否□
(9) 电影、电视演员　　　　　　　　　　是□ 否□

统计"是"一栏得分,计＿＿＿＿。

S:社会型职业

(1) 街道、工会或妇联干部　　　　　　　是□ 否□
(2) 小学、中学教师　　　　　　　　　　是□ 否□
(3) 精神病医生　　　　　　　　　　　　是□ 否□
(4) 婚姻介绍所工作人员　　　　　　　　是□ 否□
(5) 体育教练　　　　　　　　　　　　　是□ 否□
(6) 福利机构负责人　　　　　　　　　　是□ 否□
(7) 心理咨询员　　　　　　　　　　　　是□ 否□
(8) 共青团干部　　　　　　　　　　　　是□ 否□
(9) 导游　　　　　　　　　　　　　　　是□ 否□
(10) 国家机关工作人员　　　　　　　　是□ 否□

统计"是"一栏得分,计＿＿＿＿。

E:企业型职业

(1) 厂长　　　　　　　　　　　　　　　是□ 否□

(2) 电视片编制人　　　　　　　　　　是□ 否□
(3) 公司经理　　　　　　　　　　　　是□ 否□
(4) 销售员　　　　　　　　　　　　　是□ 否□
(5) 不动产推销员　　　　　　　　　　是□ 否□
(6) 广告部长　　　　　　　　　　　　是□ 否□
(7) 体育活动主办者　　　　　　　　　是□ 否□
(8) 销售部长　　　　　　　　　　　　是□ 否□
(9) 个体工商业者　　　　　　　　　　是□ 否□
(10) 企业管理咨询人员　　　　　　　是□ 否□

统计"是"一栏得分,计_____。

C:常规型职业
(1) 会计师　　　　　　　　　　　　　是□ 否□
(2) 银行出纳员　　　　　　　　　　　是□ 否□
(3) 税收管理员　　　　　　　　　　　是□ 否□
(4) 计算机操作员　　　　　　　　　　是□ 否□
(5) 簿记人员　　　　　　　　　　　　是□ 否□
(6) 成本核算员　　　　　　　　　　　是□ 否□
(7) 文书档案管理员　　　　　　　　　是□ 否□
(8) 打字员　　　　　　　　　　　　　是□ 否□
(9) 法庭书记员　　　　　　　　　　　是□ 否□
(10) 人口普查登记员　　　　　　　　是□ 否□

统计"是"一栏得分,计_____。

第三部分　统计和确定你的职业兴趣倾向

请将第一部分和第二部分的全部测验分数按前面已统计好的6种职业兴趣倾向(R型、I型、A型、S型、E型和C型)得分填入下表,并作纵向累加。

测试	R型	I型	A型	S型	E型	C型
第一部分						
第二部分						
总分						

请将上表中的6种职业倾向总分按大小顺序依次从左至右排列：
____型、____型、____型、____型、____型、____型

您的职业倾向性得分:最高分_____,最低分_____。

经过职业兴趣的自我探索活动,同学们对自己的职业兴趣有了进一步的了解,明确了自己的职业兴趣倾向。其中,有的同学觉得探索的结果和原来对自己的认识是基本一致的,而有的同学可能存在一定的偏差。没关系,这是正常现象。就如同许多时候我们存在的思想和行动不一致的情况一样,这也提醒我们:要不断进行职业兴趣分析与探索活动,加深对自己职业兴

趣的认知。

(4)霍兰德的职业兴趣理论

约翰·霍兰德(John Holland)是美国约翰·霍普金斯大学心理学教授,美国著名的职业指导专家,自20世纪50年代以来,提出了一系列的研究假设和成果。他认为职业选择是个人兴趣在工作世界中的表露和延伸,某一类型的职业通常会吸引具有相同职业兴趣的人,而具有相同职业兴趣的人对许多生活事件的反应模式也是基本相似的,他们创造了具有某一特色的生活环境(也包括工作环境)。他强调人的整体性和工作环境的整体性,注重个人的兴趣类型同工作环境的一致性。认为在同等条件下,人和环境的适配性或一致性将会增加个体的工作满意度、职业稳定性和职业成就感。职业代表一种生活方式、生活环境,而不仅仅是一些工作职能和技巧。

霍兰德生涯理论的基点是将大部分人的职业兴趣分为现实型、研究型、艺术型、社会型、企业型和常规型六种类型。

(5)兴趣与职业生涯

汽车能够跑多远取决于油箱有多满!一个人的职业生涯能不能走得很远,取决于他的激情是不是永远饱满!激情来自热爱,热爱源自内心,而心在哪里收获就在哪里!

1)兴趣与职业的关系

大量研究表明,兴趣与工作满意度、职业稳定性和职业成就感之间都存在着明显的关联。周杰伦之所以能让自己的音乐席卷了整个华语地区,源自他对音乐的热爱并专注于自己的音乐天赋。因为热爱,即使在餐厅当侍应生的那段日子,都不曾放弃自己的音乐梦想,因为热爱,他克服了重重困难,最终成为流行乐坛巨星。《士兵突击》中许三多的饰演者王宝强,他出生农村,6岁开始习武,8~14岁在河南嵩山少林寺做俗家弟子,之后来到北京闯天下。他没有背景,没有文化,没有卖相,但是凭着一颗对艺术的酷爱之心,凭着一种对艺术的追求之志,这个当过农民工的"草根"为我们演绎了一个具有传奇色彩的故事。所以兴趣是职业生涯选择的重要依据,一个人因为热爱而投入,因为投入而成功,如果能够从事自己感兴趣的工作,那将是人生最幸福的事情。但是需要注意的是没有任何一个职业能满足一个人全部的兴趣,所以,工作只要和我们的主要兴趣结合就可以了,次要兴趣可以通过我们的业余生活来平衡。

2)兴趣是可以培养的

进入大学以后,很多同学学习了自己不喜欢的专业,就错误地以为自己这一辈子完了,其实不是这样的,既然在专业上,我们没有机会选择自己所爱的,那就让我们爱自己所选择的吧!

一个专业里可能有很多不同的领域,首先要弄清楚自己不喜欢的是这个专业中的哪些领域,这个专业中,是否还有一些领域是自己喜欢的?然后针对自己喜欢的领域用心学习,渐渐培养自己的专业兴趣。现在,有很多专业发展了交叉学科,两个领域的结合往往是新的增长点,所以,你可以通过选修喜欢的课程,实现自己早年的兴趣爱好,然后把自己的专业和兴趣有机地结合,就会让自己成为复合型人才。"数字笔"的发明人王坚博士在微软亚洲研究院负责用户界面的研究,可是谁又能想到他从本科到博士所学的都是心理学专业,而用户界面又正是计算机和心理学专业的最佳结合点。

3)兴趣缺失与兴趣广泛

有的学生是不是觉得自己好像对什么都不感兴趣,没有兴奋点,建议这类学生扩大涉猎面,给自己最多的机会去接触最多的选择。与其追求热门行业,不如培养对行业的热忱。(最好的寻找兴趣点的方法是开拓自己的视野,接触众多的领域。唯有接触你才能尝试,唯有尝试你才能找到自己的最爱。而大学正是这样一个可以让你接触并尝试众多领域的独一无二的场所。因此,大学生应当更好地把握在校时间,充分利用学校的资源,通过使用图书馆资源、旁听课程、搜索网络、听讲座、打工、参加社团活动、与朋友交流、使用电子邮件和电子论坛等不同方式接触更多的领域、更多的工作类型和更多的专家学者。——李开复写给中国大学生的第四封信。)

还有的学生兴趣非常广泛,对什么都喜欢,做什么都开心,建议这样的学生要不断地集中自己的兴趣,弄清楚自己真正喜欢的到底是什么?因为人一生的精力是有限的,所以我们要学会取舍和放弃。

4)兴趣与能力的关系

做自己有能力做的事容易出成果,但不要因为自己做得好就认为那是你的兴趣所在。很多时候,我们会有意无意地在自己感兴趣的事情上投入更多的时间、心血、精力,从而培养了这方面的能力。所以如果你对一项工作非常感兴趣,如果这项工作需要的能力是可以培养的,不要担心自己没有能力从事这项工作,只要你发现得及时并不断地努力,你的梦想还是可以实现的。所以,用心去捕捉自己的兴趣吧!例如,你觉得自己在演讲的时候是非常兴奋、非常快乐的,你非常喜欢众人听你说话的感觉,你确定自己的兴趣是成为一个演讲家;但是,由于你的语言表达能力不是很强,站在台上会非常的紧张,你觉得你没有成为一名优秀的演讲家所具备的语言表达能力和心理素质。其实,这没关系,因为语言表达能力和心理素质是可以通过不断训练而提升的,所以只要你不断地训练,你的这个梦想是可以实现的。

2. 性格探索

爱因斯坦对性格曾有一段很经典的论述:优秀的性格和钢铁般的意志,比智慧和博学更为重要……智力上的成就很大程度上依赖性格的伟大,这一点往往超出人们通常的认识。看了这段话,你肯定有了这样的冲动,想要马上知道自己的性格是怎样的,那么让我们先从性格的基本理论开始吧!

(1)性格的概念

性格是指一个人在先天生理素质的基础上,在社会实践活动和不同环境的熏陶下逐渐形成的比较稳定的心理特征,也称为人格特质,是一个人在生活中对他人、对事、对自己、对外在环境所表现出来的一致性应对方式。世界上没有两片相同的叶子,人的性格亦如此理。

心理学家认为,性格是个人对现实的稳定的态度和习惯化了的行为方式。可见性格并不是独立存在的,我们日常生活中的态度及行为表现都可反映出我们的性格特征。人的个性差异首先表现在性格上。

(2)性格与职业发展的关系

每种职业都有它独特的行为要求,而这种要求是否与个体的性格行为取向一致,是影响个体职业发展的一个重要因素。因为只有在适合自己性格的工作环境中,个体才能够发挥自己的长处和优势,工作的情感才会越丰富,也就越容易获得工作的满足感和成就感。反之,就不会对工作产生深刻的情感和认识,也就不会有工作的激情。因此,性格与职业之间的适配和对应,可以使我们成为更有效率的工作者。

性格是职业生涯选择的起点和依据。日常生活中,人们都喜欢与自己性格相近的人成为朋友,同样,人们也倾向于寻找与自己性格类型一致的职业。因为只有当人们的性格与所从事的职业相一致时,才会集中精力去获得自己喜欢的职业知识,才会发挥自身的积极性,关注该职业的前沿和动态,从而积极思考,大胆探索,增强克服困难的勇气和意志,取得良好的工作效果。

性格是保持职业稳定、获得职场成功的重要因素。对于一个人来说,当自己的性格有助于职业发展时,便会对所从事的工作产生兴趣,愿意为之钻研,就越容易取得成绩,进而便会对自己的职业感到满意,工作单位也会对其给出较高的评价。在这种良好的工作氛围中,个体就更容易保持工作的长期性和稳定性,并将自身的潜能最大限度地调动起来,在自己长期专注的方向上,做出艰苦的努力,取得职场的成功。

(3)性格的自我探索

这个练习由四部分组成,在每一部分中,都有一些性格倾向的相关描述,请根据自己的特点与偏好,选择符合自己的描述。

说明:1.请认真按照自己的理解去分析,不应与其他人讨论;2.适度放松心情,在最自然的状态下做出你的选择。

1)关于精力的描述,哪一种模式更像你,E 还是 I?

E:外倾

①从人际交往中获得能量;

②喜欢外出;

③表情丰富,外露;

④喜欢交互作用,合群;

⑤行动、多样性(不能长期坚持);

⑥不怕打扰,喜欢自由沟通;

⑦先讲,然后想,易冲动、易后悔、易受他人影响。

I:内倾

①从时间中获得能量;

②喜静、多思、冥想(离群、与外界相互误解);

③谨慎、不露表情;

④社会行为的反射性(被动反应,会失去机会);

⑤不怕长时间做事、勤奋;

⑥怕打扰、独立;

⑦先想然后讲,负责、细致、周到、不蛮干。

大部分选择 E 的人个性倾向于行动、人和事物。选择 I 的人的个性倾向于一些内在的东西,如道理或个人感受。当然每个人都是外向而行动、内向而思考的。你也一样肯定会做这两件事,但是你在做某一件事时会感到更舒服,更倾向于依赖某种方式做事,正如右撇子的人更愿意使用右手一样。

经过评估,在 E 和 I 这个维度上,我认为更接近我本性的是:_____。

练习:刘梅、王芳、杜倩、赵亮四人一起坐飞机出差。在飞行途中飞机出现了故障,四人表现如下:

刘梅:"飞行员,怎么回事?怎么会发生这种情况?"

王芳:"刘梅,你帮忙去看一下仪表盘的显示情况吧!"

杜倩:"(皱着眉嘟嚷)怎么撞上这种倒霉事?!"
赵亮:"(拿出一小瓶'二锅头')幸好我带来'二锅头',最后还能喝上一回!"
请仔细分析每一个人的表现,思考以下几个问题。
①你最喜欢谁?谁和你的行为一样?
②分组讨论,为什么你那样去做?
③达成共识后,对照 E/I 特点,验证自己的代码(E 或 I)。
2)下面是一些处理信息的方式,其中哪一种模式与你更接近? S 还是 N?
S:感觉
①通过五官感受世界、注重真实的存在、实际;
②用已经有的技能解决问题;
③喜欢具体明确;
④重细节(少全面性);
⑤脚踏实地;
⑥做事有可能的结果,能忍耐、小心;
⑦可做重复工作(不喜欢新),不喜欢展望。
N:直觉
①通过第六感洞察世界、注重应该如何,比较笼统;
②喜欢学新技能;
③不重准确,喜欢抽象和理论;
④重可能性,讨厌细节;
⑤好高骛远,喜欢新问题;
⑥凭爱好做事,对事情的态度易变;
⑦提新见解、仓促结论。
　　S 与 N 代表两种接受和处理信息的方式,即运用和对待经验方式。每个人都在不同程度地运用理智和直觉,但不同的人更倾向于使用其中的某一种。S 型更多地把注意力放在源自个人经验的事实上。S 型更容易察觉细节,而 N 型则更倾向于从整体上看事物。因为,N 型更倾向于从事实的背后看到它所代表的意义。
　　经过评估,在 S 和 N 这个维度上,我认为更接近我本性的是:_____。
3)下面是描述你做决定的方式,哪一种模式最接近你,是 T 还是 F?
T:思维
①分析,用逻辑客观方式决策;
②坚信自己的观点正确,不考虑他人意见;
③清晰、正义、不喜欢调和主义;
④批判和鉴别力;
⑤规则;
⑥工作中少表现出情感;
⑦不喜欢他人感情用事。
F:情感
①主观和综合,用个人化的、价值导向的方式决策;

②考虑决策对他人的影响；
③和谐、宽容、喜欢调解；
④不按照逻辑思考；
⑤考虑环境；
⑥喜欢工作场景中的情感；
⑦从赞美中得到享受，也希望他人的赞美。

T型通过检验事实和数据做出决策，很少把个人感情牵涉到决定中去。F型通过个人的价值观和感受做出决定。每个人每天都进行T型的和F型的判断，我们倾向于更多地运用某一种决策方式。

经过评估，在T和F这个维度上，我认为更接近我本性的是：_____。

练习：李强和王琪是即将毕业的同一高校的两位优秀学生。李强：来自省会城市，精力充沛、性格开朗、组织能力强，一直担任班长，对他来说，找工作可不是一件难事。王琪：来自偏远地区的农村，学习刻苦、做事认真、成绩优秀，对他来说，你们公司这份工作非常重要，因为父母务农的他，家里还有两个弟妹分别在读初三和高二，很需要他尽快挣工资贴补家用。请思考：

①假如由你来决定，你会选择谁？
②你和谁选的一样？分组讨论，为什么？
③达成共识后，对照T/F特点，验证一下自己的代码(T或F)。

4) 描述你的日常生活方式，哪一种模式更接近于你，J还是P？

J：判断
①封闭定向；
②结构化和组织化；
③时间导向；
④决断，事情都有正误之分；
⑤喜欢命令，控制、反应迅速；
⑥喜欢完成任务；
⑦不善适应。

P：知觉
①开放定向；
②弹性化和自发化；
③探索和开放结局；
④好奇，喜欢收集新信息而不是做结论；
⑤喜欢观望；
⑥喜欢开始许多新的项目，但不完成；
⑦优柔寡断、易分散注意。

J型的人更容易对他人表现自己的思维和感情判断，而不太轻易对他人表现出自己的直觉感受。P型的人与J型正相反，他们在同外部世界打交道时，更容易表现出自己的直觉感受，而非理智的判断。

经过评估，在J和P这个维度上，我认为更接近我本性的是：_____。

练习：今天是周六，你周一上午有个重要的考试。这时，你接到一个好朋友的电话，他/她约你今天晚上吃饭聚会。去还是不去,你如何决定?

①你会怎样选择?

②你和谁选的一样?分组讨论,为什么?

③达成共识后,对照 J/P 特点,验证一下自己的代码(J 或 P)。

回顾前面的四个部分,圈出适当的字母,你偏好的四个字母为:_____。

现在,将每项总得分转移到下列各个空白处,也就是说,你们在维度 E 名下的总得分记在 E 后面的空白处,在维度 I 名下的总得分记在 I 后面的空白处,如此类推。

(4)MBTI 性格理论

MBTI 全称 Myers-Briggs Type Indicator,是一种性格测试工具,用以衡量和描述人们在获取信息、作出决策、对待生活等方面的心理活动规律和性格类型。

MBTI 能够让人们更好地认识和了解自己,可以帮助 HR 部门对不同类型的员工进行更好地组合。目前已成为世界上应用最广泛的识别人与人差异的测评工具之一,主要用于了解受测者的处事风格、特点、职业适应性、潜质等,从而提供合理的工作及人际决策建议。在美国每年约有 300 万人以上参加 MBTI 的测评和培训,在世界 500 强企业,如迪斯尼、百事可乐、西南航空公司等,约有 80% 以上的高层管理者使用过这个工具。MBTI 是当今世界上应用最广泛的性格测试工具,它已经被翻译成近 20 种世界主要语言。

MBTI 性格理论主要内容如下。

人的性格倾向,就像分别使用自己的两只手写字一样,都可以写出来,但惯用的那只手写出的会比另一只手更好。每个人都会沿着自己所属的类型发展出个人行为、技巧和态度,而每一种类型也都存在着自己的潜能和潜在的盲点。MBTI 性格理论主要探讨各种性格类型与相关职业的匹配程度。

MBTI 性格理论基本概念类型的四维八极。

1)内倾(I)-外倾(E)维度

该维度用以表示个体心理能量的获得途径和与外界相互作用的程度,即个体的注意较多的指向于外部的客观环境还是内部的概念建构和思想观念。

外倾型态度表现为主体的注意力和精力指向于客体,即在外部世界中获得支持并依赖于外在环境中发生的信息,这是一种从主体到客体的兴趣向外的转移。外倾型个体需要通过经历来了解世界,所以他们更喜欢大量的活动,并偏好于通过谈话的方式来思考,在语言的交流中对信息予以加工。而内倾型态度表现为主体的注意力和精力指向于内部的精神世界,其心理能量通过内部的思想、情绪等而获得。内倾型个体在内部世界中获得支持并看重发生的事件的概念、意义等,因此他们的许多活动是精神性的,他们倾向于在头脑内安静地思考以加工信息。外倾型个体经常先行动后思考,而内倾型个体经常耽于思考而缺乏行动。

2)感觉(S)-直觉(N)维度

该维度又称之为非理性维度或直觉维度,表示个体在收集信息时注意的指向,即倾向于通过各种感官去注意现实的、直接的、实际的、可观察的事件,还是对事件将来的各种可能性和事件,背后隐含的意义及符号和理论感兴趣。

感觉型的个体倾向与接受能够衡量或有证据的任何事物,关注真实而有形的事件。他们相信感官能告诉他们关于外界的准确信息,也相信自己的经验。他们注重现在,关心某一刻发生的所有事情。而直觉型的个体自然地去辨认和寻找一切事物的含义,他们注重想象力,更注重将来,从事努力改变事物而不是维持它们的现状。直觉型的个体看到一个环境就想知道它的含义和结果可能如何。感觉型的个体被视为较具有实际意识,而直觉型个体被视为较有改革意识。感觉–直觉维度在问题解决过程中具有重要作用。

3)思维(T)–情感(F)维度

该维度又称之为理性维度或判断维度。该维度用于表示个体在作决定时采用什么系统,即作决定和下结论的方法,是客观的逻辑推理还是主观的情感和价值。

情感型的个体期望自己的情感与他人保持一致,他们作决定的基石是何者对他们自己和他人是重要的;其理性判断的依据是个人的价值观。而思维型的个体通过对情境作的客观的、非个人的逻辑分析来做决定,他们注重因果关系并寻求事实的客观尺度,因此较少受个人感情的影响。

4)知觉(P)–判断(J)维度

该维度用以描述个体的生活方式。即倾向于以一种较固定的方式生活(或做决定)还是以一种更自然的方式生活(或收集信息)。这一维度是一种态度维度。虽然个体能够使用知觉和判断,但是这两极不能够同时被运用。多数个体会自然地发现采用某种生活方式时总是比另一种更加轻松,因此总是在和外部世界打交道时采用这种生活态度。

判断型个体倾向于以一种有序的、有计划的方式对其生活加以控制,他们期望看到问题被解决,习惯于并喜欢做决定。而知觉型个体偏好于知觉经验,他们不断地收集信息以使其生活保持弹性和自然。他们努力使事件保持开放性,让其自然地变化,以便出现更好的事件。

在以上四个维度上,每个人都会有自己天生就具有的倾向性,也就是说,处在两个方向分界点的这边或那边,我们称之为"偏好"。例如,如果你落在外倾的那边,称为"你具有外倾的偏好";如果你落在内倾的那边,称为"你具有内倾的偏好"。具体见表1.1。

表1.1 MBTI十六种性格类型

ISTJ —— 内倾感觉思维判断	ESTP —— 外倾感觉思维知觉
ISFJ —— 内倾感觉情感判断	ESFP —— 外倾感觉情感知觉
INFJ —— 内倾直觉情感判断	ENFP —— 外倾直觉情感知觉
INTJ —— 内倾直觉思维判断	ENTP —— 外倾直觉思维知觉
ISTP —— 内倾感觉思维知觉	ESTJ —— 外倾感觉思维判断
ISFP —— 内倾感觉情感知觉	ESFJ —— 外倾感觉情感判断
INFP —— 内倾直觉情感知觉	ENFJ —— 外倾直觉情感判断
INTP —— 内倾直觉思维知觉	ENTJ —— 外倾知觉思维判断

在现实生活中,每个维度的两个方面你都会用到,只是其中的一个方面你用的更频繁、更舒适,就好像每个人都会用到左手和右手,习惯用左手的人是左撇子,习惯用右手的人是右撇子。同样,在四个维度上你用的最频繁、最熟练的那种方式就是你在这个维度上的偏好,而这四个偏好加以组合,就形成了你的人格类型,它反映了你在一系列心理过程和行为方式上的特点。

上述四维八极构成了十六种不同的性格类型。列表如下:

职业咨询专家认为,大部分人在二十岁以后会形成稳定的MBTI类型,此后基本固定。当然,MBTI 的类型会随着年龄的增加、经验的丰富而发展完善。

MBTI 十六种性格类型

人的性格是非常复杂的,每个维度都会相互影响。在 MBTI 中,四个维度中的两极组合成了十六种人格类型,将它们结合起来,有助于更加清晰地堆个体的职业性格进行分析和探索。

表1.2　MBTI 十六种性格理论模式

类型	特征	解决问题模式
ISTJ	详尽、精确、系统、勤劳,关注细节。致力于改善组织程序与过程,无论组织处在发展的顺境还是逆境,都对组织保持忠诚	喜欢完全依据事实,在逻辑框架里进行分析;为获得理想结果,需考虑对人们的影响,然后寻找更多的可能性和其他含义
ISTP	注重实用性,尊重事实,寻求有利方法,具有现实性,只信服被论证的结果。喜欢独立工作,依靠逻辑和足智多谋解决即时出现的组织问题	喜欢依据具有事实以自身具有的内部逻辑构建问题和解决问题;为获得理想结果,需要考虑其他可能性和对人们的影响
ESTP	行为定向型,讲究实效、足智多谋、注重现实,以最有效的途径解决问题。喜欢事件即时发生,然后在复杂的情境中找到解决问题的方法	喜欢现实、具体地评估环境,然后用逻辑分析以后采取的步骤;为获得理想结果,会考虑对人们的影响,寻找其他可选择的可能性
ESTJ	理智、善分析、果断、意志坚定,以系统化的方式组织具体事实。喜欢事先组织细节和操作程序,与他人一起完成任务	喜欢根据相关的事实和细节进行逻辑分析,从而控制情境;为达到理想结果,会考虑更广阔的前景以及对人们和自己的影响
ISFJ	仁慈、忠诚、体谅他人、善良,不怕麻烦,帮助需要帮助的人。喜欢充当后盾,提供支持和鼓励	喜欢完全依据事实,尤其是当应用于人和准则方面时,为获得理想结果,需退一步思考问题的逻辑,然后寻找更多的可能性和其他含义
ISFP	温和、体贴、灵活、具有开放性。富有同情心,尤其对那些需要帮助的人。喜欢在合作和充满和谐气氛的环境中工作,但常常是在完成他们自己任务的时候	喜欢从实用的角度考虑对自己和他人真正重要的事物;为获得理想结果,需考虑其他人际关系和其他可能性,然后更客观地决定事情
ESFP	友好、开朗、爱开玩笑、活泼、天性喜欢与他人相处。喜欢与其他活泼、快节奏的人一起工作,同时也会根据判断做出不同选择	喜欢对情境进行显示和具体的评估,尤其对人更是如此;为获得最佳结果,需增强客观性,从长远的眼光看待不同事物
ESFJ	乐于助人、机智、富有同情心、注重秩序,把与他人相处和谐看得很重要,喜欢组织人们和制订计划完成眼前的任务	喜欢考虑准则以及对人们的影响,也关注相关的事实和有用的细节;为获得理想结果,需识别其他人际关系,然后理智、冷静地分析
INFJ	相信自己的眼光,具有同情心和洞察力,温和地运用影响力。喜欢独立工作或与那些热衷于关注人们成长与发展问题的小群体共同工作	喜欢识别自己内在观点的可能性,尤其是与人和社会准则有关的问题;为成功实现目标,对定向未来的远见卓识的客观性和现实的细枝末节的问题同样重视
INFP	具有开放性,是理想主义者,具有洞察力,灵活。希望自己的工作被认为是重要的。喜欢独立工作或在能发挥创造性的小团体里工作	思考真正对他们和自己重要的问题,找出具有创造性的可能性;为获得最佳结果,注意搜集事实资料以客观地做出决策

续表1.2

类型	特征	解决问题模式
ENFP	热情、富有洞察力和创造性,多才多艺,不知疲倦地寻求新的希望和前景。喜欢在团队中工作,致力于从事能给人们带来更好改变的事情	喜欢根据自己的价值观和准则探索创造性发展的各种可能性和前景;为获得最佳结果,冷静理智分析,考虑相关的事实资料和各种细节
ENFJ	关注人际关系,理解、宽容和赞赏他人,是良好沟通的促进者。喜欢与他人一起工作,致力于完成与人们发展有关的各种任务	先判断发展计划是否考虑能取得的绩效和对人们的影响;为获得最佳结果注意更多事实资料,然后进行理智、冷静的分析
INTJ	独立而极具个性化,具有专一性和果断性,相信自己的眼光,漠视众人的怀疑。喜欢独自完成复杂的工程	喜欢以内在的认识制订战略、系统和结构,然后客观地做出决定;为获得最佳结果,会接纳他人和那些使自己的认识更加接近现实的细节资料
INTP	讲究合理性,喜欢理论和抽象的事物,好奇心重,更喜欢构建思想,不太关注环境和人。喜欢单独工作,强调对自己的观点和方法拥有最大的自主权	在寻求各种可能的选择时,喜欢以自身内部的逻辑构建问题和解决问题;为获取最佳结果,需要同时关注现实状况和他人的需求
ENTP	富于创新,具有战略眼光,多才多艺,分析型思维,具有创业能力。喜欢与他人一起从事需要非凡智慧的创始性活动	喜欢探索未来的前景和发展模式,理智地分析每一个正向和反向的结果;为获得理想结果,关注人们的需要和相关的事实与细节
ENTJ	具有逻辑性、组织性、客观性、果断性。喜欢与他人一起工作,尤其是从事管理工作和制订战略计划时	根据内在的理解进行逻辑分析从而控制局面;为获得理想结果,对事实资料进行现实性决策,同时考虑决策对人们和自己的影响

每个人都会沿着自己所属的性格类型发展出个人的行为、技巧和态度,而每一种性格也都存在着潜能和潜在的盲点。因此,了解自己的性格属于哪种类型,适合从事哪种类型的工作,就可以在工作和生活中妥善安排,扬长避短,使工作和生活更加愉快。

表1.3 MBTI十六种性格类型的职业倾向

类型	倾向性顺序	适合职业	工作环境偏好
ISTJ	感觉 思维 情感 直觉	会计/管理人员 工程师 警察工作/法律工作 生产、建筑、保健	注重事实和结果 提供安全、结构和顺序 能保持稳定情绪 努力、任务取向,为了工作不被中断而喜欢独处
ISTP	思维 感觉 直觉 情感	科研 机械和修理 农业 工程师和科技人员	注重迅速解决问题 目标和行动取向 不受规律限制 着眼于现在的经历
ESTP	感觉 思维 情感 直觉	市场销售 工程师和技术人员 信用调查 健康技术、建筑/生产、娱乐	注重第一手的经验 灵活、注重结果 工作具有灵活性 即时满足需要、技术取向

续表1.3

类型	倾向性顺序	适合职业	工作环境偏好
ESTJ	思维 感觉 直觉 情感	商业管理 银行、金融 建筑/生产 教育、技术、服务	注重正确、高效地做事 任务取向,注重组织、结构 提供稳定性和可预知性 实现可行的目标
ISFJ	感觉 情感 思维 直觉	保健专业 教学/图书馆工作 办公室管理 个人服务、文书管理	看重有条理的任务 注重安全和隐私 结构清晰、有效率,一致、平静、安静 服务取向
ISFP	情感 感觉 直觉 思维	机械和维修 工厂操作 饮食服务 办公室工作、家务工作	善于合作、喜爱自己的工作 允许有自己的私人空间 灵活、具有审美能力 谦恭有礼、以人为本
ESFP	感觉 情感 思维 直觉	保健服务 销售工作/设计 交通工作、管理工作 机械操作、办公室工作	注重现实 行动取向、活泼、精力充沛 适应性强、和谐 以人为本、舒适的工作环境
ESFJ	情感 感觉 直觉 思维	保健服务 接待员 销售 看护孩子、家务工作	喜欢帮助他人 目标明确的人和组织 有组织的,气氛友好的 善于欣赏的,有良心的,喜欢按事实办事
INFJ	直觉 情感 思维 感觉	宗教工作 教学/图书馆工作 媒体专家 社会服务、研究和发展	关注人类的思想和心理健康 具有创造性 协调、安静、有组织的 具有情感、喜欢有反省的时间和空间
INFP	情感 直觉 思维 感觉	咨询 教学、文学、艺术 戏剧、科学 心理学、写作、新闻工作者	关注他人的价值 合作的氛围 允许有思考的时间和空间 灵活、安静、不官僚
ENFP	直觉 情感 思维 感觉	教学、咨询 宗教工作 广告、销售、艺术、戏剧 音乐	关注人类的潜能 丰富多彩、积极参与的氛围 活泼的、不受限制的 提供变化和挑战、思想取向
ENFJ	情感 直觉 感觉 思维	销售 艺术家、演艺人员 宗教工作 咨询、教学、保健	愿意为帮助他人而做出改变 支持的、社会化的、和谐的 以人为本,井井有条 鼓励自我表达

续表1.3

类型	倾向性顺序	适合职业	工作环境偏好
INTJ	直觉 思维 情感 感觉	科学 工程师 政治/法律 哲学、计算机专家	注重实现长远规划 有效率的、以任务为重的 允许独自一人和思考 支持创造性和独立,人员是有效率的,多产的
INTP	思维 直觉 感觉 情感	科学、研究 工程师 社会服务 计算机程序、心理学、法律	喜欢解决复杂问题 鼓励独立、隐私 灵活的、不受限制的、安静的 喜欢自我决定
ENTP	直觉 思维 情感 感觉	摄影、艺术 市场营销 零售、促销 计算机分析、娱乐	独立处理复杂问题 灵活的、喜欢挑战的、不官僚 求新取向 喜欢冒险
ENTJ	思维 直觉 感觉 情感	管理 操作和系统分析 销售经理 市场营销 人事关系	结果取向、独立的 喜欢解决复杂问题 目标取向、果断 有效率的系统和人 挑战性的、结构性的顽强的人员

这里需要说明的是倾向性顺序,基于MBTI性格理论,心理学家与职业规划专家进行了长期的研究发现:感觉S-直觉N、思维T-情感F两个维度的不同组合,即感觉S+思维T、感觉S+情感F、直觉N+思维T、直觉N+情感F四个组合,对于不同职业领域的被吸引程度是不一样的。

"感觉+思维"类人群,更倾向于通过实效和实际的方式来收集信息,并做出相应理性的逻辑判断,因而容易被类似军人职业、财务审计类职业、以及工程制造类职业所吸引;

"感觉+情感"类人群,更倾向于通过实效和实际的方式来收集信息,并基于情感因素做出决定,因而容易被类似医疗护理、酒店餐饮、幼儿辅导等服务类职业所吸引;

"直觉+思维"类人群,更倾向于通过想像的方式来收集信息,并做出相应的逻辑判断,因而容易被管理类职业、战略咨询类职业、以及科研创造类职业所吸引;

"直觉+情感"类人群,更倾向于通过想像的方式来收集信息,并基于情感因素做出决定,因而容易被心理咨询、中高等教育、以及宗教、环保、人文类的职业所吸引。

这样就构成的性格的"倾向性顺序",这种顺序把你的性格倾向划分为强和弱,尽管你不断成长改变,发展你的能力,但倾向性顺序往往是终身不变的。其中1是主导倾向,2是辅助倾向,3是第三倾向(2的对立面),4是第四倾向(1的对立面)。比如思维是你性格类型中的主导类型。我们就称你是一个"思维主导者"。你不只是一个思维型的人,而且是一个高度思维型的人!思维主导者喜欢基于逻辑与客观分析来决定。在面对情况时,他们直接的最强烈的倾向就是客观地看待问题,并找到一个结论。他们不擅长其他的方式。

无论哪种性格类型的人,都有许多具体和丰富的性格特征,而且纯粹属于某一单一性格类型的人不多,大部分人都属于混合型,只是存在着程度的差别。因此,上面关于性格与职业的适配，只能提供一个大致的方向，在实际的匹配过程中，还应根据人的性格特征与职业生涯要求的具体情况采取有针对性的方法。世界上没有百分之百适合某种性格的职业，也没有百分之百不适合某种性格的职业，懂得用己所长，整合资源，才是问题解决之道。性格认识旨在帮助我们更好地了解自己的行为和做事特点，理解他人为何与自己不同。

职业咨询专家认为，大部分人在20岁以后会形成稳定的MBTI类型，此后基本固定。当然，MBTI的类型会随着年龄的增加、经验的丰富而发展完善。

人的性格是非常复杂的，每个维度都会相互影响。在MBTI中，四个维度中的两极组合成了十六种人格类型，将它们结合起来，有助于更加清晰地对个体的职业性格进行分析和探索。

每个人都会沿着自己所属的性格类型发展出个人的行为、技巧和态度，而每一种性格也都存在着潜能和潜在的盲点。因此，了解自己的性格属于哪种类型，适合从事哪种类型的工作，就可以在工作和生活中妥善安排，扬长避短，使工作和生活更加愉快。

这里需要说明的是倾向性顺序，基于MBTI性格理论，心理学家与职业规划专家进行了长期地研究发现：感觉S-直觉N、思维T-情感F两个维度的不同组合，即感觉S+思维T、感觉S+情感F、直觉N+思维T、直觉N+情感F四个组合，对于不同职业领域的被吸引程度是不一样的。

"感觉+思维"类人群，更倾向于通过实效和实际的方式来收集信息，并做出相应理性的逻辑判断，因而容易被类似军人职业、财务审计类职业以及工程制造类职业所吸引；"感觉+情感"类人群，更倾向于通过实效和实际的方式来收集信息，并基于情感因素做出决定，因而容易被类似医疗护理、酒店餐饮、幼儿辅导等服务类职业所吸引；"直觉+思维"类人群，更倾向于通过想象的方式来收集信息，并做出相应逻辑判断，因而容易被管理类职业、战略咨询类职业以及科研创造类职业所吸引；"直觉+情感"类人群，更倾向于通过想象的方式来收集信息，并基于情感因素做出决定，因而容易被心理咨询、中高等教育以及宗教、环保、人文类的职业所吸引。

这样就构成了性格的"倾向性顺序"，这种顺序把你的性格倾向划分为强和弱，尽管你不断成长改变，发展你的能力，但倾向性顺序往往是终身不变的。其中1是主导倾向，2是辅助倾向，3是第三倾向（2的对立面），4是第四倾向（1的对立面）。比如思维是你性格类型中的主导类型，我们就称你为一个"思维主导者"。你不只是一个思维型的人，而且是一个高度思维型的人！思维主导者喜欢基于逻辑与客观分析来决定。在面对情况时，他们直接的最强烈的倾向就是客观地看待问题，并找到一个结论，他们不擅长其他的方式。

无论哪种性格类型的人，都有许多具体和丰富的性格特征，而且纯粹属于某一单一性格类型的人不多，大部分人都属于混合型，只是存在着程度的差别。因此，上面关于性格与职业的适配，只能提供一个大致的方向，在实际的匹配过程中，还应根据人的性格特征与职业生涯要求的具体情况采取有针对性的方法。世界上没有百分之百适合某种性格的职业，也没有百分之百不适合某种性格的职业，懂得用己所长，整合资源，才是问题解决之道。性格认识旨在帮助我们更好地了解自己的行为和做事特点，理解他人为何与自己不同。

（5）性格与职业生涯

性格和职业的关系是一种彼此制约又互相促进的关系。人生的诀窍就是经营自己的长处，只有选择适合个人性格的职业，才能用自己的长处而不是短处来做工作，才能更好地发挥自己的个性特长。不同的性格适于从事不同的职业，职业和性格存在相互对应的关系，例如通常所说,具有好动、坚强性格者多当运动员;具有不厌重复、冷静、细心性格者从事机械操作之类工作较适宜。如果性格与职业搭配得当,事业之路必然多了一份平坦。

①选择职业要考虑自己的性格特征,尽量选择适合自己性格的工作。因为每一种工作都对从业者的性格有特定的要求,如各类公众服务人员,必须具有亲切、热情、周到、体贴他人的性格,这样才能做好服务工作。再如,作为一位工程技术人员,则要求具有严谨认真、一丝不苟、精益求精、善于合作的性格。

②职业对性格具有反作用。服务行业的工作人员如果性格是孤傲型、冷僻型、或轻率有余而稳重不足型的,为了能干好本职工作,那就按职业上的工作要求修炼自己的那种性格。事实上,许多人在工作中克服了自己性格上的弱点。

③进行职业生涯规划时,除了要考虑自身性格同职业所要求的人际关系相适应外,还要考虑自己性格特点同职业本身性质、规矩的适应关系。国内外研究发现,在有成就的杰出人物中,绝大多数人属于性格坚强、有毅力、人缘和谐的类型,其中有的人要经过数年甚至几十年的努力,花费大量的精力和劳动,才能取得一项或几项成果。根据性格去指导职业,这就告诉人们,一方面要在后天各种环境中培养、修炼自己的性格,使之适应职业领域里更广泛的工作;另一方面要根据自身特点,选择更适合发挥自己性格特长的工作。

④性格对职业生涯发展亦有较大的影响,那些在事业上成功的人往往具有共同个性,不畏艰苦、百折不挠、善于忍耐、自律性强、独立和执著,虽然说江山易改,本性难移,但实际上,在他们身上很少有那些诸如暴躁、冲动、懦弱等不良性格。改变人生应首先从改变自己的性格开始,如果你有持之以恒改变自己的心态,那就能够改变自己的性格,因为一个人的性格主要是后天长期所接受的教育和环境的影响造就的。

大学阶段是性格形成的关键时期,可塑性很大,只要充分认识自己、了解自己,注意扬长避短,加强修炼,就能铸造出适应各种社会环境的性格,而且有可能是自己的命运主宰者。印度古谚云:"播种行为,收获习惯;播种习惯,收获性格;播种性格,收获命运。"我国古人讲过:"积行成习,积习成性,积性成命。"这些都道出了性格的重要性,许多伟大的科学家、著名人物,其成功的经验之一便是具有良好的性格特征,如勤奋、顽强、强烈的进取精神、自信心、独立性强、敢于冒险、强烈的责任感等。

3. 能力和技能探索

(1)能力的概念和分类

1)能力的概念

能力是人格的一个组成部分,人格也就是我们通常所说的个性心理特征。心理学认为能力是人们成功地完成某种活动所必备的心理特征,是人格特征的综合表现。它代表一个人完成某种活动时已经具备而无需进一步训练的主观条件(即所谓"实际能力"),就这一点而言,它不同于潜能,潜能是指要经过适当训练,个人能力的最大发展量,即可创造性。潜能是实际能力形成的基础,实际能力是潜在能力的表现,两者密不可分。

人们所从事的活动往往是复杂的、多方面的,因此它常常需要同时具备多方面的心理特征。如绘画艺术,它既要求较高水平的形象记忆和色彩鉴别能力,也要求空间知觉和视觉想象力的发展达到一定程度。只有各方面能力的组合能满足某一活动的综合要求时,人们才能胜任这一活动。

能力总是和人的某种活动相联系,离开了具体活动,能力就无法形成和表现。例如,在绘画活动中,一个人色彩鉴别、空间比例关系与亮度关系估算等方面特别好,我们称他具有绘画能力;在音乐活动中,一个人有强烈的曲调感、节奏感和良好的听觉表象,我们说他有音乐能力。一个人的能力是在掌握知识的过程中形成和发展的,在人的一生中,能力随着年龄的增加有一个从形成、发展到衰退的过程。

2) 能力的分类

从不同角度、不同依据出发,可对能力作多种不同形式的分类。

①按其倾向性划分

a. 一般能力:又称普通能力,一般能力是指从事任何活动都必须具备的能力,即智力,包括观察力、记忆力、想象力、注意力和思考能力等。这些能力,是我们认识理解客观事物并解决问题的基本能力,是完成任何活动都不可或缺的。

b. 特殊能力:是指某种特殊性的活动才需要的能力,又称专门能力,它常常是某些方面的能力的独特结合,专为顺利完成某种活动所必需的,如音乐能力、数学能力等。

②按其功能或内容划分

a. 认知能力:指接收、加工、储存和应用信息的能力,是从事各种不同活动所需的最主要的心理条件,也就是一般所讲的智力。

b. 操作能力:是操纵、制作运动的能力,如劳动能力、艺术表演能力等。它与认知能力的发展密不可分。

c. 社交能力:指人们在社会交往活动中所表现出来的能力,如言语感染、判别决策力、紧急应变力、组织管理能力等。

③按活动性质划分

a. 模仿力:指通过观察别人的行为、活动以取得用相同方式做出反应的能力。儿童这方面的表现比较突出。美国心理学家班杜拉认为,模仿是人们彼此相互影响的重要方式,是实现个体行为社会化的基本历程之一。

b. 创造力:指产生新思想和新产品的能力。它与模仿力截然不同,但又密切联系。人们常常是先模仿,然后才进行创造的。

(2) 能力与职业发展的关系

正所谓"尺有所短,寸有所长",每个人所具备的能力也不尽相同。因此,在进行职业选择时,要从自身的能力出发,充分考虑到自身能力与职业是否相匹配。

1) 能力是职业选择的现实基础

职业能力是个体客观具备的,是其进行职业选择的现实基础。个体只有具备相应的职业能力,才能胜任相应职业的工作任务。否则,任何的职业选择都毫无成功可言。

2) 能力与职业选择相匹配

不同的个体之间存在能力的差别,不同的职业也有不同的能力要求。因此,进行职业选择时,要充分考虑能力与职业的匹配。一方面,应当注意一般能力与职业之间的关系。一般能力是多数职业的共同的基本要求,具有通用性。因此,进行职业选择前就首先具备一般能力。另一方面,应当注意特殊能力与职业的关系。特殊能力所满足的职业要求具有一定的特殊性,其适用的领域或范围要求的专业性较强。因此,要完成职业的工作任务,除了必备的一般能力之外,还少不了特殊能力。

（3）能力自我探索

能力是人们成功地完成某种活动所必需的个性心理特征。职业规划中，能力是知己最重要的方面，它是事业成功的必要条件，如果我们能够及时准确地了解自己的优势能力，并在制订职业目标时予以充分地考虑，会极大地提高达到职业目标的概率。能力倾向测评不仅可以预测成功，而且在预测失败方面会有更大的效果，即它可以有效地预测要避免从事的职业。

评分说明：职业能力的评定采用"五级量表"：强、较强、一般、较弱、弱。每级评定都有相应的权重参数，将评定等级乘以权重参数，然后把六项数值加起来，再除以六，就得到一组评定的等级分数。

如：

	强	较强	一般	较弱	弱
（1）善于表达自己的观点	(对)	( )	( )	( )	( )
（2）阅读速度快，并能抓住中心内容	( )	( )	(对)	( )	( )
（3）清楚地向别人解释难懂的概念	( )	(对)	( )	( )	( )
（4）对文章中的字、词、段落和篇章的理解、分析和综合的能力	( )	( )	(对)	( )	( )
（5）掌握词汇量的程度	( )	( )	( )	(对)	( )
（6）中学时你的语文成绩	( )	(对)	( )	( )	( )
各等级次数累计	×1	×2	×3	×4	×5

总计次数∑＝(13)

评定等级(2.2)＝总计次数(13)除以6

根据自己实际情况，对下面的每一种活动作出评定。

第一组

	强	较强	一般	较弱	弱
（1）善于表达自己的观点	( )	( )	( )	( )	( )
（2）阅读速度快，并能抓住中心内容	( )	( )	( )	( )	( )
（3）清楚地向别人解释难懂的概念	( )	( )	( )	( )	( )
（4）对文章中的字、词、段落和篇章的理解、分析和综合的能力	( )	( )	( )	( )	( )
（5）掌握词汇量的程度	( )	( )	( )	( )	( )
（6）中学时你的语文成绩	( )	( )	( )	( )	( )
各等级次数累计	×1	×2	×3	×4	×5

总计次数∑＝(   )

评定等级(   )＝总计次数(   )除以6

第二组

	强	较强	一般	较弱	弱
（1）作出精确的测量（如测长、宽、高等）	( )	( )	( )	( )	( )
（2）解算术应用题	( )	( )	( )	( )	( )
（3）笔算能力	( )	( )	( )	( )	( )
（4）心算能力	( )	( )	( )	( )	( )

(5)使用工具(如计算器)的计算能力　　　　　(　)　(　)　(　)　(　)　(　)
(6)中学时你的数学成绩　　　　　　　　　　(　)　(　)　(　)　(　)　(　)
各等级次数累计　　　　　　　　　　　　　×1　　×2　　×3　　×4　　×5
总计次数∑=(　　)
评定等级(　　)= 总计次数(　　)除以6

第三组

　　　　　　　　　　　　　　　　　　　　　强　　较强　一般　较弱　弱
(1)美术素描画的水平　　　　　　　　　　　(　)　(　)　(　)　(　)　(　)
(2)画三维度的立体图形　　　　　　　　　　(　)　(　)　(　)　(　)　(　)
(3)看几何图形的立体感　　　　　　　　　　(　)　(　)　(　)　(　)　(　)
(4)想象盒子展开后平面形状　　　　　　　　(　)　(　)　(　)　(　)　(　)
(5)玩拼板(图)游戏　　　　　　　　　　　　(　)　(　)　(　)　(　)　(　)
各等级次数累计　　　　　　　　　　　　　×1　　×2　　×3　　×4　　×5
总计次数∑=(　　)
评定等级(　　)= 总计次数(　　)除以5

第四组

　　　　　　　　　　　　　　　　　　　　　强　　较强　一般　较弱　弱
(1)发现相似图形中的细微差异　　　　　　　(　)　(　)　(　)　(　)　(　)
(2)识别物体的差异　　　　　　　　　　　　(　)　(　)　(　)　(　)　(　)
(3)注意到多数人所忽视的物体的细节部分　　(　)　(　)　(　)　(　)　(　)
(4)检查物体的细节　　　　　　　　　　　　(　)　(　)　(　)　(　)　(　)
(5)观察图案是否正确　　　　　　　　　　　(　)　(　)　(　)　(　)　(　)
(6)学习时善于找出数学作业的细小错误　　　(　)　(　)　(　)　(　)　(　)
各等级次数累计　　　　　　　　　　　　　×1　　×2　　×3　　×4　　×5
总计次数∑=(　　)
评定等级(　　)= 总计次数(　　)除以6

第五组

　　　　　　　　　　　　　　　　　　　　　强　　较强　一般　较弱　弱
(1)快而正确地抄写资料(诸如姓名、日期、
　　电话号码等)　　　　　　　　　　　　　(　)　(　)　(　)　(　)　(　)
(2)阅读中发现错别字　　　　　　　　　　　(　)　(　)　(　)　(　)　(　)
(3)发现计算错误　　　　　　　　　　　　　(　)　(　)　(　)　(　)　(　)
(4)在图书馆很快地查找编码卡片　　　　　　(　)　(　)　(　)　(　)　(　)
(5)发现图表中的细小错误　　　　　　　　　(　)　(　)　(　)　(　)　(　)
(6)自我控制能力(如较长时间地进行
　　抄写资料工作)　　　　　　　　　　　　(　)　(　)　(　)　(　)　(　)
各等级次数累计　　　　　　　　　　　　　×1　　×2　　×3　　×4　　×5
总计次数∑=(　　)
评定等级(　　)= 总计次数(　　)除以6

第六组

	强	较强	一般	较弱	弱
(1)劳动技术中做操纵机器一类活动	( )	( )	( )	( )	( )
(2)玩电子游戏,瞄准打靶	( )	( )	( )	( )	( )
(3)在体操、广播操一类活动中身体的灵活性	( )	( )	( )	( )	( )
(4)打球的姿势的水平度	( )	( )	( )	( )	( )
(5)打字比赛或算盘比赛	( )	( )	( )	( )	( )
(6)闭眼单脚站立的平衡能力	( )	( )	( )	( )	( )
各等级次数累计	×1	×2	×3	×4	×5

总计次数∑=(　　)

评定等级(　　)= 总计次数(　　)除以6

第七组

	强	较强	一般	较弱	弱
(1)灵巧地使用手工工具(如榔头、锤子)	( )	( )	( )	( )	( )
(2)灵巧地使很小的工具(如镊子、缝衣针等)	( )	( )	( )	( )	( )
(3)弹乐器时手指的灵活度	( )	( )	( )	( )	( )
(4)动手做一件小手工品	( )	( )	( )	( )	( )
(5)很快地削水果(如苹果、梨子)	( )	( )	( )	( )	( )
(6)修理、装配、拆卸、纺织、缝补等一类活动	( )	( )	( )	( )	( )
各等级次数累计	×1	×2	×3	×4	×5

总计次数∑=(　　)

评定等级(　　)= 总计次数(　　)除以6

第八组

	强	较强	一般	较弱	弱
(1)善于在陌生的场合发表自己的意见	( )	( )	( )	( )	( )
(2)善于在新场合结交新朋友	( )	( )	( )	( )	( )
(3)口头表达力	( )	( )	( )	( )	( )
(4)善于与人友好交往,并协同工作	( )	( )	( )	( )	( )
(5)善于帮助别人	( )	( )	( )	( )	( )
(6)擅长做别人的思想工作	( )	( )	( )	( )	( )
各等级次数累计	×1	×2	×3	×4	×5

总计次数∑=(　　)

评定等级(　　)= 总计次数(　　)除以6

第九组

	强	较强	一般	较弱	弱
(1)善于单位或班级的集体活动	( )	( )	( )	( )	( )
(2)在集体活动或学习中,时常关心他人的情况	( )	( )	( )	( )	( )
(3)在日常能经常动脑筋,想出和别人想得不一样的好点子	( )	( )	( )	( )	( )

(4)冷静果断处理突然发生的事情　　　　( )　( )　( )　( )　( )
(5)在你曾做过的组织工作中,你认为自己的
　　能力属于哪一水平　　　　　　　　　 ( )　( )　( )　( )　( )
(6)善于解决同事或同学之间的矛盾　　　 ( )　( )　( )　( )　( )
各等级次数累计　　　　　　　　　　　　×1　 ×2　 ×3　 ×4　 ×5
总计次数∑=(　　)
评定等级(　　)= 总计次数(　　　)除以6

统计和确定你的职业能力类型

把每一组的评定等级填入下表:

组	评定等级	相应的职业能力
第一组	( )	言语能力
第二组	( )	数理能力
第三组	( )	空间判断能力
第四组	( )	察觉细节能力
第五组	( )	书写能力
第六组	( )	运动协调能力
第七组	( )	动手能力
第八组	( )	社会交往能力
第九组	( )	组织管理能力

　　五个等级含义:"1"为强;"2"为较强;"3"为一般;"4"为较弱;"5"为弱。评定等级可有小数点,如:等级2.2,表示此种能力水平稍低于较强水平,高于一般水平。

各种职业能力的特点

　　言语能力:指对词及其含义的理解和使用能力,对词、句子、段落篇章的理解能力,以及善于清楚、正确地表达自己的观念和向别人介绍信息的能力。

　　数理能力:指迅速而准确地运算,以及在准确的同时,能推理、解决应用问题的能力。

　　空间判断能力:指对立体图形以及平面图形与立体图形之间关系的理解能力,包括能看懂几何图形,对立体图形的三个面的理解力,识别物体在空间运动中的联系,解决几何问题。

　　察觉细节能力:指对物体或图形的有关细节具有正确的知觉能力,对于图形的明暗、线的宽度和长度作出区别和比较,看出其细微的差异。

　　书写能力:对词、印刷物、账目、表格等材料的细微部分具有正确知觉的能力,善于发现错字和正确地校对数字的能力。

　　运动协调能力:指眼、手、脚、身体迅速准确随活动作出精确的动作和运动反应,手能跟随眼所看到的东西迅速行动,进行正确控制的能力。

　　动手能力:指手、手指、手腕能迅速而准确地活动和操作小的物体,在拿取、放置、换、翻转物体时手能作出精巧运动和腕的自由运动能力。

　　社会交往能力:指善于人与人之间的相互交往、相互联系、相互帮助、相互影响,从而协同工作或建立良好的人际关系。

组织管理能力:指擅长组织和安排各种活动,以协调参加活动中的人际关系的能力。

附:

各种常见职业与其相应的职业能力要求

	言语能力	数理能力	空间判断能力	察觉细节能力	书写能力	运动协调能力	动手能力	社会交往能力	组织管理能力
水利工程师	3	3	4	4	3	3	3	3	4
自来水工人	4	3	4	4	4	2	2	4	4
供水工程师	3	2	2	2	3	3	3	3	3
食品饮料工人	4	3	4	4	4	4	2	2	4
食品饮料工程师	3	2	2	2	3	3	3	3	3
服装工人	3	3	3	3	3	3	2	3	4
服装设计师	3	2	2	2	3	3	2	3	3
家具工人	4	2	3	3	3	3	2	4	4
家具设计师	4	2	2	2	3	3	3	3	3
印刷工人	4	3	3	3	3	3	2	4	4
工艺设计师	4	2	2	2	3	3	3	3	3
化学工程师	3	2	2	2	3	3	3	3	3
冶金工程师	4	3	3	3	4	2	2	4	4
机械工程师	3	2	2	2	3	3	3	3	3
电工	3	3	3	3	3	2	2	3	4
电气工程师	3	2	2	2	3	3	3	3	3
仪器仪表工程师	3	2	2	2	3	3	3	3	3
电气安装工人	4	3	3	2	4	2	2	4	4
勘察设计工程师	3	2	2	2	3	3	3	3	3
城建规划工程师	3	2	2	2	3	3	3	3	3
市政管理员	3	2	2	2	3	3	3	3	3
汽车驾驶员	3	2	2	2	3	3	2	3	4
调度员	2	2	4	3	3	3	3	2	1
电信业务员	2	2	3	3	2	3	3	3	3
零售商业从业者	2	2	4	3	2	3	2	3	3
商业经营管理员	2	2	2	2	4	3	3	2	2
售货员	2	2	4	2	2	3	3	3	2
商业采购员、供销员	2	2	2	2	3	3	3	1	2
外贸职员	1	2	4	3	3	3	3	1	2
厨师	4	3	4	4	4	3	2	3	3
餐厅服务员	2	2	4	4	2	2	2	3	3
保管员	3	2	3	2	3	3	3	3	3
房屋维修工	3	3	2	2	2	3	3	3	3
公交服务员	2	2	4	4	3	2	2	2	3

模块一　生涯启蒙篇

职业								
园林绿化员	3	3	3	4	4	2	2	4	4
美容、美发师	3	3	4	3	4	2	2	3	3
导游	1	3	4	4	3	2	3	2	1
宾馆服务员	2	3	4	4	3	3	2	2	2
摄影师	3	2	2	2	3	3	2	3	3
殡葬业服务员	3	3	4	4	4	3	3	3	3
家电维修人员	3	3	2	2	3	3	2	2	3
科技咨询工作者	2	3	3	2	2	3	3	2	2
心理咨询工作者	2	3	3	3	2	4	3	2	2
职业咨询工作者	2	3	3	3	3	4	3	2	2
社会工作者	2	3	4	4	3	3	2	3	3
银行信贷职员	2	1	4	1	2	4	3	2	3
税收员	2	2	4	3	3	4	3	2	3
会计、出纳、统计	3	1	4	1	2	4	3	2	3
保险职员	2	1	4	3	2	4	3	2	3
医生	2	2	3	3	3	2	1	3	3
护士	2	3	3	3	3	2	1	3	3
药剂师	3	2	3	3	3	2	1	3	3
运动员	3	3	3	2	4	1	1	3	3
教练员	2	3	3	2	4	1	1	3	1
演员	1	3	3	3	4	1	2	2	3
导演	1	3	3	2	2	2	2	2	1
编辑	1	2	3	1	2	3	3	1	1
图书管理员	3	2	4	2	2	3	3	3	3
播音员	1	2	3	1	3	3	3	2	3
广播、电视工程师	3	3	2	2	3	3	3	3	3
幼儿园教师	1	3	3	2	2	3	3	2	2
中小学教师	1	2	3	2	1	3	2	2	1
中小学管理员	2	2	4	3	2	3	3	2	1
教学辅助人员	2	2	4	3	2	3	3	2	1
自然科学家	3	1	2	1	2	3	1	2	3
社会科学家	2	3	3	2	1	3	3	2	2
科技情报人员	2	2	3	2	2	3	3	2	3
气象、地震预报员	2	2	2	2	2	3	3	3	3
业务员	2	2	3	2	1	3	3	2	2
打字员	3	3	4	2	2	3	2	3	4
秘书	2	2	3	2	1	3	3	2	2
警察	2	2	3	3	3	2	2	2	2
律师	1	2	3	2	3	3	3	2	2

| 审判员 | 1 | 3 | 3 | 2 | 3 | 3 | 3 | 2 | 2 |

(4) 能力的相关理论

1) 能力倾向的分类

能力倾向就是指一个人所具有的有利于其在某一个职业方面成功的潜力素质的总和。它与能力相反，不是已具有，而是为有效地进行某类特定活动所必须具备的、潜在的特殊能力素质，是指经过适当学习或训练后，或被置于一定条件下时，能完成某种职业活动的可能性或潜力。职业能力倾向可细分为与特定职业相联系的各种职业能力倾向，如音乐能力倾向、美术能力倾向、机械操作能力倾向、行政能力倾向等。

2) 技能的分类

技能是在运用知识去解决某种问题的过程中逐步形成的，是在活动中由于练习而巩固了的并在活动中应用的动作方式，是活动方式的概括，它和能力都属于心理过程的范畴。一个人的技能也能在相当大的程度上随着年龄的增加而不断地提高。

技能分为三个类型，即专业知识技能、自我管理技能和可迁移技能。

① 专业知识技能指需要通过教育或者培训才能获得的特别的知识或能力。知识技能除了通过正式的专业教育之外，还可以通过课外培训、专业会议等渠道获得。

知识技能不可迁移。它是一些特殊的词汇、程序和学科内容，必须经过有意识的、专门的培训才能掌握。它们常常与专业学习的内容相关。当然，知识技能，并非只有通过正式的专业教育才能获得，除了学校课程外，专业会议、课外培训、讲座、研讨班、自学、专业资格认证考试等都可以帮助个人获得知识技能。

② 自我管理技能经常被视为个性品质，常被用来描述或说明个人具有的某些特征，这些特征能够帮助个人更好地适应周围的环境。自我管理技能无论是一个人先天具有的还是后天习得，都需要练习。它们可以从非工作（生活）领域迁移转换到工作领域。也就是说，耐心、负责、热情、敏捷这些技能并不是通过专门的课程学习到的，而是在日常生活中随时随地培养的，也包括自我心态、心智、形象、激励、角色认知、时间、人际、目标、情绪、行为、学习、反省等诸多方面的管理技能。

例如，一位大三的学生在回顾自己的实习经历后写道："这段经历为我毕业后进入社会做了良好的准备。在这次实习中，我懂得了在工作中不仅需要具备良好的知识技能，还要具备良好的社交能力，才能在工作中营造良好和谐的工作氛围。在工作中要积极主动，要虚心地向同事、前辈请教；要知难而上，不能遇到一点困难就放弃；要严格要求自己，不为自己的失职找借口。平时要和同事多多交流，和谐相处。"

③ 可迁移技能也被称为通用技能，是教育学上的术语，意思是说学习过的知识技能和现在用的知识技能虽然不同，但是可以根据学过的知识找到解决现在所需技能的方法。其特征是可以从生活的方方面面，特别是工作之外得到发展，同时可以迁移应用于不同的工作之中，是个人可持续运用的技能。比如你很小的时候就能够说服父母推后你就寝的时间；在高中的时候拿了辩论赛的大奖；在大学的时候能够为你所在的学生社团募集资金，资金金额还打破了历史纪录。在这些事件中，说服就是一项非常重要的通用技能，即可迁移技能。在自己的职业规划中，当需要勾画出最核心技能的时候，可迁移技能是需要被最先和最详细叙述的。因为无论自己的需求和工作环境有什么样的变化，它是最能持续运用和最能够依靠的技能。

（5）能力与职业生涯

能力是一个人能否进入职业的先决条件。无论从事什么职业总要有一定的能力作保证。没有任何能力,也就无职业生涯可言。人在其一生之中,要从事各种各样的社会生活和社会生产活动,必须具备与之相适应的多种能力。能力不同,职业选择就有差异。在选择职业时,我们不仅仅要使一般能力、特殊能力与职业相吻合,还要使能力类型、能力水平与职业相吻合。能力的类型差异主要体现在进行感知、记忆、思维、想象时,呈现出不同的特点,比如有的人知觉东西是整体的,而有的人习惯于局部的;有的人擅长形象思维,而有的人擅长抽象逻辑思维;有的人记忆速度快,但记不牢,有的人记忆慢,但准确性高。能力还有水平差异,即同样一种能力,在整个人群中的相对水平有高下之分,在个人身上也有强弱之别。个人的能力在群体中的地位,决定了其竞争力,因此个人能力的相对定位十分重要。所以,在根据能力类型确定了职业类型后,还应根据自己所达到或可能达到的能力确定相吻合的职业层次。

不同的工作对从业人员的技能要求不同,当你对自己最愿意使用的几种技能有了认识之后,你所面对的问题就是我要在哪里、在哪个领域施展这些技能?哪一些职业可以满足我施展这些技能的要求?探索自己的职业能力,目的是为了选择一个自己喜欢又有能力从事的工作。所以,你还必须研究你所心仪的目标职业对技能的要求。这样,在大学阶段你就可以制订自己的学业规划,有意识、有计划地根据目标职业的技能要求培养和发展个人技能。

4. 价值观探索

职业选择也是生活方式的选择,职业生涯规划不只是在规划着我们未来的职业发展,它同时也决定了我们一生的生活质量。一个人一生中要做出无数个决定,小到今天穿什么衣服、午餐吃什么,大到做什么工作、与什么人共度今生。你的生长环境、生活阅历以及身心条件等各种因素都在影响着你的决定,但最终帮助你做出决定的,是你的价值观。价值观表达了你最看重的东西是什么,如果你想了解自己如何做出决定,为何做出如此决定,最重要的是了解自己的价值观。

（1）价值观和职业价值观

价值观是我们每个人独有的一种非常重要的观念体系和动力系统,是个人行为驱动和心灵成长的动力和源泉。每个人都有自己所追求的人生理想和人生目标,也都有自己所期望、所需求的事物。价值观就像"一只看不见的手",引导我们在纷繁复杂的情境中做出选择,影响着我们对我们所面临的事情做出轻重缓急、是非对错的判断,决定着我们的每个决策,决定着我们对待每个人的态度以及处理每件事的方式。

职业价值观是价值观在所从事的职业上的体现,是人们对待职业的一种信念和态度,或是人们在职业生涯中表现出来的一种价值取向。它是我们的人生观、世界观、价值观在职业上的延伸,职业价值观是人对职业的价值判断,产生的持久的信念和评价,也就是说,在我们眼里,这项工作对于我们有什么意义,能给我们带来什么。

（2）职业价值观与职业发展的关系

①职业价值观对职业选择具有决定性作用。在进行职业选择中,人们面对多种选择机会,不同的人选择不同的行业或职业,其归根结底取决于自身的价值观。有的同学喜欢工作具有挑战性,有的同学看重工作的稳定性,有的同学更看重高薪和福利待遇。其价值观不同,选择的取向就会不同。

②职业价值观与职业发展的匹配程度影响着我们职业道路的发展水平。如果所从事的职

业岗位与自己的工作价值观不符合，我们就总是不能全身心地快乐地投入到工作中去，也就无法发挥自身的最大潜能，在工作岗位上只能当一天和尚撞一天钟，仅是敷衍完成工作，难以取得长足进步，也就无从谈起个人的职业生涯发展。

③职业价值观影响着我们的职业生涯幸福感。工作只是手段，幸福才是目的。虽然目前来说绝对的财富公平和机会均等难以实现，但幸福却应该也有可能被我们每一个人所拥有。不同的职业会存在薪水福利、工作环境、成长空间以及职业前景的不同，但更重要的是个人的职业价值观与职业匹配与否。不同的职位更会带来经济收入、政治权利、社会地位、成就感和荣耀感等方面的不同，如果我们的职业岗位不能给我们带来我们最看重的价值或意义，我们就会总是感到不满足，这种不满足也许更多体现在心理上，而不是物质上。

④职业价值观随着我们职业生涯的发展而不断变化发展着。由于我们每个人的身心条件、年龄阅历、教育状况、家庭影响以及兴趣爱好等方面的不同，导致我们对职业有着不同的主观评价。最初择业的大学生与处于职业发展中期的中年人，在职业价值的认知上是不同的。大学生急需解决的是在工作单位中找到归属感，一个能够积累实践经验的平台并获得一定的薪金回报，以保证自己经济上独立于父母。中年人的工作能力已经得到别人的认同，并且在组织内部承担了更加重大的责任。随着薪金回报或职位的提升，中年人又不得不面对一个选择，是安于现状还是在原有基础上谋求更大发展。正因为职业价值观会随着我们职业生涯的发展而发生变化，我们应该明确不同发展阶段的自身的职业价值观。

(3) 职业价值观自我探索

价值丧失活动

下表中列出的是我们工作中的一些比较重要的职业价值观，你也可以自己再列出其他一些你认为比较重要的职业价值观。在这些职业价值观中选出5项你认为最重要的职业价值观并写下来，写好后，按要求完成：当你的生活发生了一些变故，恐怕你要失去其中的某项职业价值观时，认真考虑一下哪一项是你最先可以舍弃的，在旁边画×；接下来，又有一项价值观要离你而去，这次你又会选择哪一项？好好权衡一下，同样在旁边画×；这样的遭遇一共有四次，接下来两次你又是如何做出选择的，分别在选项旁边标注好，看看你心目中最不能舍弃的那一项价值观是什么？可在小组中结合问题做深入的讨论。

发挥才能	成就感	晋升的空间
高薪	福利待遇	权力
挑战性	创新性	稳定
轻松舒适	社会地位	独立性
社会声望	多样性	工作环境
社会交往	人际关系	公平
文化认同	健康	认可

思考与讨论：

①什么职业价值观对你来说是最重要的？为什么？

②什么会影响你的职业价值观，他人的价值观对你是否会产生影响？

③试着寻找一下什么样的工作能够满足你所选的5项职业价值观？

④在你所选的职业价值观中有没有互相抵触的？

（4）职业价值观与职业生涯

人们只有在职业活动中找到了自己的价值所在，工作和生活才会因为获得满足而变得充实而有意义。如果你讨厌刻板，把新鲜多变、自由独立作为你的最看重的价值观，那么你可能就不会太在意薪水的高低、工作地点、时间等等。所以，你在研究职业前景时，最终让你做出职业决策、确定你自己的目标职业的就是你的价值观。

由于各种主客观条件的限制，人们的职业价值观常常会出现许多误区，影响人们的择业行为。比如赶时髦、随大流；求体面，过分强调职业的社会地位；图实惠，盲目追求高薪高酬的职业；寻"热土"，片面强调地区观念；图轻松，缺乏事业心等。因此，可以看出，职业价值观通过人们的行为、态度、信念、兴趣等对职业选择的影响，这就提醒我们要树立良好正确的职业价值观，引导自身走上成功和发展之路。

四、自我认知与创业

创业既是一个人对社会、对自己、对生命的挑战，也是勤劳勇敢、自强不息、弘扬民族精神的体现，更是落实职业理想、实现职业生涯质的飞跃的标志，它能充分显示一个人的人生价值。许多同学都想创业，通过创业实现自己的梦想，但是你具备创业的能力吗？通过下面的测试就知道了。

1. 创业能力测试

（1）请回答下面的问题（A 代表"是"，B 代表"否"）

①你是否善于激励自己？

②你经常畅想自己的想法，并立即行动吗？

③你认为现在你的朋友比一般人多吗？

④你认为你的创业想法很棒，通过实践后一定能达到预期的目的吗？

⑤为了你的事业，有时需超负荷地工作，你愿意吗？

⑥是否曾经为了某个理想而制订多年计划，并且按计划实施直到完成为止？

⑦你是否能在没有父母及老师的督促下自觉地完成某项任务？

⑧小时候你有从事买卖的经验吗？

⑨你是否能够专注地投入个人兴趣浓厚的事情中，并连续坚持 10 个小时以上？

⑩必要时你能让别人代替你工作吗？

⑪为了创业你愿意放弃工作与生活的平衡吗？

⑫是否为了赚钱而牺牲个人娱乐？

⑬你认为你有足够的耐心吗？

⑭在工作中你是个受欢迎的人吗？

⑮你喜欢在残酷的竞争中生存吗？

⑯你是否能独自完成自己的工作？

⑰你认为你是个理财高手吗？

⑱你认为你的创业计划一定能成功吗？

⑲当你需要帮助时，你是否满怀信心地说服别人来帮助你？

⑳你是否能给人留下良好的第一印象呢？

选择 A 得 1 分,选择 B 不得分,然后把各题所得的分数相加,看看你得多少分?
测试总得分:_____。
(2)测试结果
①总得分为 16～20 分。你的创业能力很强,你行事果断且有行动力,具备创业的素质及条件,有力压群雄之势,只要把握好机会,你的成功就会很大。但切记要因事立意,防止过于求胜反其道而行。
②总得分为 10～15 分。比较适合创业,你的创业意识较强,创业时谨防焦躁,应从基础出发,脚踏实地,从小事做起。有时遇到问题过于犹豫,往往失去好的发展机会,因此,如果有人指导,你的成功几率更高。
③总得分为 9 分及以下。你基本不适合创业,做好你现在的工作将更适合你。

2. 创业精神

要想成功创业必须具有创业精神,创业精神是由多种精神特质综合作用而成的。诸如创新精神、冒险精神、拼搏精神、团队合作精神等都是形成创业精神的特质精神。作为一名创业者应具有以下创业精神。

(1)要有梦想和激情

创业是一个非常伟大的字眼,它使人兴奋、冲动、热血沸腾。创业需要梦想和激情,没有对创业成功的渴求很难想象能取得创业的成功。梦想是创业的摇篮,能激发个体的创造力,使他从梦想家成为成功的创业者。梦想就是对自己说:一切皆有可能!将梦想变为现实生活中的一个目标,明确努力的方向,并保持清醒的头脑坚持到底,最终实现梦想。戴尔集团的创始人迈克尔·戴尔曾经这样说过:"梦想有多大,你的成功就有多大。"要做到这一点,不必是天才,不必是先知,不必有大学文凭,所需要的只是一个架构与梦想,并将它付诸于实践!

(2)要有创业的欲望和坚韧不拔的毅力

"创业难,守业更难",说明了创业的艰难和继续的困难性。任何事业都不可能是一帆风顺的,创业者必须要面对风险和失败,要取得成功就要有充分的准备和决心,不能一遇到困难就退缩。面对创业这条道路,既要做好最坏的打算,也要做好吃苦的准备,它意味着创业者要放弃安逸舒适的生活,必须面对和战胜困难、压力及挑战等,必须全力去拼,只有这样才能以高效的工作度过创业初期最艰难的时刻。

(3)要有感恩之心

创业需要广泛的人脉关系,需要许许多多人的支持与帮助,因此,创业者必须要时刻怀着感恩之心,施仁义、讲诚信、结善缘,保持良好的心态,广交朋友,以实际行动感谢所有帮助过你的人。在创业过程中还会遇到很多困难和挫折,创业者也要以感恩的心态来面对,如果总是抱怨外部环境和他人,则很难取得成功。

(4)要有创意

纵观很多成功的创业者,其成功的原因之一就是有创新意识。今天许多高新技术企业创业成功都是由于其在技术、产品或服务模式上的创新。因此,创业重要的一点就是要有好的创意。好的创意可以是一个新产品、新技术、新工艺,也可以是新的服务、新的赢利模式,等等。同样,对于成功的创业者而言,懂得创造需求,创造客户也是必不可少的。

练习:同学们,你可以审视一下自己,是否具备一定的创业精神,你适合创业吗?

_____
_____

五、生涯实训指导

1. 实训项目一:夸夸我自己

(1)实训目的

从招聘方选择人才的标准认知自己,发现自身存在的优点与不足。

(2)实训内容

①假设这是在面试中,招聘官让你介绍一下你自己。请你用三分钟的时间来推销自己,强调突出自己的优点和特长,设法给对方留下深刻印象。

②分三人一组进行,一人扮演求职者,一人扮演招聘官,一人做观察员,轮流交换角色。

③小组成员讨论交流。

④全班分享自我推销和聆听的感受。可请一个同学当场示范,并请其他同学给予评价,教师总结点评。

(3)实训场地

实训室。

(4)考核方式

每个同学写一份自我介绍并分析如何能在短时间内赢得招聘方的青睐。

2. 实训项目二:360度全方位评估

(1)实训目的

帮助学生对自己有个全面的认知与澄清,尤其是看他人对自己的评价和自我评价的差异。

(2)实训内容

请同学们以下面的表格为例,然后想好都准备和谁并采用什么方式交流对自己的评价,然后如实填写在表格中。

	优点	缺点
自我评价		
家人评价		
老师评价		
亲密朋友评价		
同学评价		
其他社会关系评价		

(3)实训场地

实训室。

(4) 考核方式

分小组讨论看看你对自己的认识和他们对你的看法有什么区别？澄清对自己的认识。讨论结束后请同学们上前面和大家分享。

【知识导读】

向左走、向右走

基本情况：A 同学，男，某高职学院模具专业大二学生，家庭条件一般，专业学习成绩一般，对本专业兴趣不高，大一期间，多次参加过文艺类、公益类组织，主持节目，对经济管理类很感兴趣。

来访者的困惑：我不知道工作该从事本专业还是做自己喜欢做的管理类工作？从事本专业吧，似乎不是很感兴趣，况且，一想到以后要和这些零部件打交道，枯燥而又乏味，就很头疼，以后肯定当不了工程师！不从事本专业吧，学了三年，放弃又觉得可惜，况且也不了解跨专业就业的具体情况！

咨询结果：通过职业规划方面的自我探索，我了解到自己的兴趣是 ESA 型：喜欢领导和说服别人，注重别人对自己的评价，追求美感，追求完美，喜欢有挑战、有变化、有创新的工作，更适合做与人打交道的工作。建议我从事营销、管理、服务类的工作。我的性格是 ESTJ 型：外向、细心、理智、做事有计划，适合做经理人员。我的能力探索结果表明：我具备的专业知识有英语、计算机、材料方面的模具专业课，人力资源部分课程。我具有的可迁移技能有语言表达能力、舞台表演能力、组织策划能力、领导能力、人际关系能力。可见，我具备作为一名管理人员应该具备的基本素质。我的价值观探索结果表明，我看中的是：健康、发挥自身才能、家庭、高收入、稳定。

来访者的咨询体会：通过自我探索，我觉得对自己有了更深入地了解，其实这些了解，我自己之前也知道，但从来没这么系统、这么清晰、这么深刻地意识到。我觉得自己真的很适合做营销、管理类的工作。所以，我最后确立的职业目标是去模具厂做营销人员 3~5 年，然后进入管理层，做管理，计划在四十岁之前做到高层，然后创办属于自己的企业。所以，我打算在剩余的大学生活里继续加强专业知识的学习，继续拓展自己的能力，为自己毕业后的第一步打好坚实的基础。我相信我的梦想一定会实现的！

【任务小结】

学习自我认知后，我们应当认识到充分的自我认知是成功职业生涯规划的第一步。运用自我认知的多种方法，适度、客观、全面、发展地认识自己，不仅仅要了解自己的兴趣、性格，还要清楚地知道自身具备的技能，以及职业价值观，等等。对自己有了正确、充分地了解之后，对于想创业的你来说就知道你是否能够创业了。自我认知是个不断发展、不断探索的过程，只要我们掌握了自我认知的方法，相信你会越来越了解自己，看清自己！

任务三 专业认知

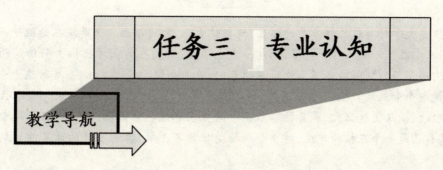

教	知识重点	专业认知的内容
	知识难点	专业认知困惑的解决方法
	推荐教学方式	专家讲座
	教学场所	多媒体教室或实训室
	建议学时	4学时
学	必须掌握的理论知识	充分认识认知与职业发展的关系,专业与职业的关系,把握专业认知的内容,了解常见的专业认知困惑
	必须掌握的工作技能	能结合专业认知指导学生的学习方向
	能力训练	能够在专业认知的基础上,正确分析本专业应具备的知识、能力与素养,能够有针对性地分析与解决自身存在的专业问题
	考核方式	考核方式采取过程性考核与终结性考核相结合的方式。最终成绩=平时成绩×30%+自我分析报告×40%+生涯人物访谈报告×30%

【单元寄语】

来到了梦想的大学,首先要面对的一个重要问题就是——要了解你的专业。你选择的专业发展前景如何?你的专业培养目标是什么?这一专业开设有哪些课程?通过这些课程的学习你应具备哪些知识、能力与素质?这个专业毕业后可能从事哪些职业或有哪些就业岗位?这一系列问题的解决对于你来说极为重要。希望每一位同学通过本单元内容的学习,对自己所学的专业有一个清醒的认识,明确专业与职业发展关系,积极拓展专业知识、能力与素质,为未来职业生涯发展奠定基础。

●刘强是大学计算机软件专业的学生,现在读大三,即将毕业。但是现在的他一点也高兴不起来,别人都在忙着找工作和实习,他却一点也不急,到现在为止才投出去一份简历。通过与刘强的沟通了解到刘强根本不喜欢现在的专业,专业知识学的也不扎实,当时选专业的时候也是别人说这个专业比较热门才去选的,通过三年的学习,他根本对本专业一点也提不起兴趣,但是现在就业压力这么大,就算按本专业方向去求职也非常困难,更别提自己跨专业找工作了,毕竟自己是一个在校的学生,对整个职场现状都不了解,真的要转的话又能转到哪儿去呢?

●李平是一名护理专业的学生,已经大学二年级了,现在她有一个困惑,让她很苦恼。刚开始来到学校时,她对护理专业学习充满了向往与期待,想象着通过自己大学三年的努力,她将成为一个"白衣天使",工作在整洁的环境中,每天受人尊重……一想这些她就很兴奋。但入学一年后的她,已经没有这种感觉了,每天枯燥的护理专业理论知识学习,还有不断重复的专业技能操作,这些都让她感到厌烦,学习没动力,生活没激情,觉得对什么都不是很感兴趣了,这让她感觉无所适从,渐渐地感觉似乎并不适合学习这个专业,她该怎么办呢?

【问题】

以上案例反映了许多大学生真实的生活状态,他们的现实经历与烦恼我想你也可能存在着,看了这个案例,你有什么体会?你又该怎么解决呢?

在对大学一年级同学进行的问卷调查中,我们得到这样一个结果,为数不少的同学对所学专业的认识既不是一无所知,也不是十分清楚,而是非常朦胧的,就如同"雾里看花"。面对这一问题,我们认为,无论是否喜欢你所学的专业,每一位同学都有必要进行一番认真地思索,非常盲目地喜欢一个专业,或非常简单地厌烦一个专业,都是不理智、不明智的。从某种意义上说,选择一个专业就是选择未来的人生道路。正确地选择一个专业,并对所学专业有一个全面的认知,积极学好专业,掌握专业及相关的理论知识与技能,对同学们来说是至关重要的。

☺ 练习:亲爱的同学们,你了解你的专业就业方向吗?你能说出你就业的具体岗位吗?请试着写出你未来的就业岗位。

___

___

一、专业认知的重要意义

1. 专业的含义

专业是高等学校按照社会分工、学科分类、科学技术和文化发展状况及经济建设与社会发展的需要而把学业分成的门类。通常也泛指专门人才所从事的特定的业务领域或某一大类职业。专业既是高等学校制订培养目标、教学计划,进行招生、教学、毕业生就业等各项工作,为社会培养、输送各类人才的依据,也是学生选择学习方向、学习内容,进而形成自己在某一专门领域的特长,为将来职业活动做准备的依据。

2. 专业认知的重要意义

在现代社会里,职业分工越来越细、越来越专,社会对职业的专业技术水平要求越来越高。职业的专业化特点要求各种职业岗位有更多的受过专门培训、接受过专业教育、掌握更新技术的人才。因此,一个人不经过专业学习,不掌握一定的专业知识和技能,就很难就业,更谈不上实现职业理想。对每个高职高专的毕业生来说,只有抓住在校的学习机会,学好专业知识,完成学业,才能顺利就业。

(1)专业认知是专业学习的一个重要教学环节

专业认知要求学生在学习本专业各门课程之前,对本专业所从事的行业活动进行实地参观、了解,对本行业形成感性认识,使今后的学习能联系实际,专业认知也是其他各实习环节的基础。通过专业认知,使学生对本专业的基本知识有一个良好的感性认识,了解专业概况。

(2)良好的专业认知是就业、从业的必备条件

无论在什么岗位上,没有一定的专业知识与专业技能,都无法履行岗位职责,完成工作任务,非但如此,还可能因专业知识的匮乏和技能的欠缺而造成重大损失。因此,在就业竞争日益激烈的形势下,只有对自己的专业有足够的职业认知,才能有针对性地进行专业学习,夯实专业知识基础,提高专业技能水平,才能在就业竞争中占据优势,为顺利就业创造条件,为成功从业铺平道路,为创造优异业绩做好积淀。

(3)合理的专业认知是大学生实现职业生涯目标的基础

对专业及相关专业的合理认知非常重要,就客观来说,专业无所谓好坏,凡是符合自己的个性特点,能够发挥所长的专业,就是好专业。因此要对所学专业进行深入合理的认知,发现自己的专业优势,并能够与自身的特点结合起来学习,这样才能如鱼得水,不仅学习过程较为轻松,还有利于以后的职业发展,为实现职业生涯目标奠定基础。

【案例解析】

一次毕业生的主题座谈会:"倘若大学生活可以重来"

"假若给我一次重来的机会,我会把大学生活安排得井井有条,会让三年大学生活过得更加充实、有效……"

"假若给我一次重来的机会,我会先做一个理性思考者。……寻找专业与兴趣的结合点,以及未来的发展方向。任何事做到心中有数,绝不盲从!不断探寻自己的方向和目标,然后将其具体化。做到年有计划,月有计划,日有计划,这样就自然而然有挑战感和充实感。"

"倘若大学生活可以重来,我会做一个热心的投入者,在大学里拥有最多的是自由时间,最宝贵的同样也是时间,浪费最多的也是时间!如何充分利用时间是个大学问。生活是多面的,立体的,失意、挫折常常会充斥在生活的任何一个阶段,倘若没有一个热爱生活、拥抱生活的心,现实不免会苍白、寂寞、无奈和郁闷,我们要自信,并且持之以恒,不能轻言放弃!这样,我们必将迎来一个充实、快乐、硕果累累的大学生活"。

——学长留言给亲爱的学弟学妹们

二、专业认知的内容

1. 了解本专业课程设置

对于一门专业来说,其开设的每门课程都进行了精心设计,具有各自独到的作用,总体上

又联成一体,通过对课程设置的认知,从宏观上形成从入门学习到专项内容学习,再到综合学习的课程体系结构,使校内专业知识学习阶段与高技能人才成长规律及目标相对应。因此,了解本专业的课程设置,能够增强学习专业课程的时效性,树立正确的专业学习目标,培养学习专业的自觉性与主动性。其内容包括:本专业有哪些主干课程,这些课程开设的时间安排是怎样的,哪些课程是基础课程,哪些课程是专业课程,专业课中哪些是专业的核心课程,本专业可以深化拓展的课程有哪些,本专业还可以学习的相关选修课程有哪些,自己需要掌握哪些专业核心能力,等等。

2. 了解专业骨干教师与学术带头人

专业骨干教师及学术带头人是本专业师资水平的典型代表,他们具有丰富的教学经验,先进的教学理念、业务精良、学识广博,拥有深厚的专业教育教学理论与实践功底。通过对他们的认知能够为今后专业学习积累丰富的专业发展的人脉基础,并且在这些导师指导下,同学们可以为专业学习积累丰富经验,从而为自身职业生涯发展打下坚实的基础。其内容包括:本校本专业的骨干教师和学术带头人有哪些,本专业相关领域的学科带头人有哪些,本专业领先的学校有哪些,等等。

3. 了解专业实训条件与专业实习基地

专业实训条件与专业实习基地是培养学生专业技能的场所,又是产、学、研相结合的重要基地,是实现专业培养目标的物质基础与保障。大学生入学学习专业前也要对其有一定了解,并在此基础上清晰地知道,在实训与实习基地要完成哪些专业技能的培养。

4. 了解本专业的教学计划与培养目标

大学生进入大学后,要仔细地阅读本专业的教学计划和教学目标,把握自己将要学习的专业对学生有哪些具体要求,学习过程上对自己的培养将会有哪些积极作用。刚刚入学的大学生,大多数是在老师、同学和家长的影响下填报的志愿,因此对所学专业不是特别地了解,对该专业可能会产生认识上的误区,在这个时期,大学新生要在学习过程中及时纠正自己的思维误区,改变自己的心智模式,从而提高自己对专业学习的积极性。

5. 了解本专业发展现状及就业前景

社会对不同专业的需求时时都在变化,未来几年里,本专业的发展趋势如何,未来就业前景将怎样,这些问题是各专业学生入学时,甚至在工作过程中都必须要首先考虑的一个重要问题,忽视这一问题的职业生涯规划,必然是缺乏科学性与时效性的规划,不具有付诸实践的价值。其内容包括:本专业相关职业的发展现状和发展趋势,专业发展的难点和重点,专业发展对国民经济的影响和在社会经济中的地位等,本专业的就业面定位有哪些,专业的岗位群有哪些,专业毕业生上岗的职业准入标准是怎样的,需要哪些行业相关的职业资格证书,等等。

6. 了解本专业人才培养模式与教学模式

专业培养模式是指在一定现代教育理论、教育思想的指导下,按照特定的培养目标和人才规格,以相对稳定的教学内容和课程体系,管理制度和评估方式,实施人才教育的过程的总和。教学模式是在一定教学思想或教学理论指导下建立起来的较为稳定的教学活动结构框架和活动程序。不同的专业基于自身特点、培养模式与教学模式有较大差异。因此,作为刚一入学的新生一定要对本专业的人才培养模式与教学模式有足够清晰地把握,从而为课程学习奠定基础。

7. 了解本专业相关杂志和网站

专业相关杂志和网站是我们了解本专业最好的参考工具之一。它可以弥补课堂教学的不足，也可以带来许多可与老师交流的话题，更可以了解自己所学的知识与社会需求之间的差距，所以同学们应该尽早关注。

总之，专业认知是个人职业发展的条件，职业发展是专业学习与发展的目标和归宿。大学是一个人黄金起点的关键阶段，个人将要从事什么行业，做什么职业，在这个职业上能够走多远，发展到什么阶段，都与大学期间的专业认知息息相关。所以，大学新生只有在对自己所学专业及专业的就业前景了解的前提下，才能目标明确、合理地规划自己的大学生活，为以后自己的职业生涯打下良好的基础。

练习：在完成以上专业认知后，请完成本专业的认知表1.4。

表1.4　专业认知表

专业名称			
专业课程	专业基础课	专业核心课	专业相关的选修课
专业骨干教师与学术带头人			
专业实训条件与实习基地			
专业培养目标			
专业发展现状与就业前景	专业发展现状		
	专业发展前景		
	专业发展的难点、重点		
	专业目标岗位群		
	专业对应职业的职业准入标准		
专业人才培养模式与教学模式			
专业相关杂志与网站			

三、专业与职业的关系

在做职业生涯规划时，职业与专业之间的关系是必须面对又要解决好的重大问题。有人说，专业决定了职业；又有人说，专业与职业没有多大关系，许多成功的人所从事的不是自己原来所学的专业。其实，职业与专业之间不是前者所说的一一对应的关系，当然也不是后者所说的一点关系也没有。学习中文的依然可以成为记者和专业人员，学习新闻也可以成为教师或者公务员。按照"学以致用"个人发展原则，你将从事的第一份正式职业如果就是原来所学的专业，对提高个人发展效率有着非常重要的战略意义。

从专业与职业的关系来讲，它们之间的关系可以概括为三种：一对一、一对多、多对一的关系。

1. 一对一情况

这种情况最为简单。一个专业方向对应一个职业目标,这类专业一般都存在于高职学院,培养目标单一明确。此类职业的技术含量比较高,也比较单一,它属于学业规划中比较主动的一种态势。可以让我们先定目标,后选路线,在各种路线中选择求学成本最低的一条,这类专业和职业一般都适合于专业技术人员。比如食品加工技术专业、生物制药技术专业等。

2. 一对多情况

这类专业一般都存在于普通高校中,人们常说的宽口径、厚基础就是指这类专业。它们所对应的职业目标有多个,从职业的人格特征来看,许多都对应了两种以上类型的职业。比如护理专业,从职业人格来看,它可以对应研究型职业(比如护理专家或咨询工作),可以对应管理型职业(护理管理工作)等。这一定要和自己的职业人格一致,比如你属于管理型你就要选定管理型的职业,并根据具体职业目标的标准要求有针对性地学习和开发其他必要的知识和技能。比如还以护理专业为例,你确定自己毕业后从事护理管理这一类型职业,那么你在学护理专业知识的同时,还要根据护理管理工作所需要的其他知识和技能有针对性地开发和学习,比如管理能力、社交能力、应变能力、综合分析能力等。应该说,先定专业再定职业目标已经是一种比较被动的人生发展状态。然而,由于这一类型的存在,它可以让学生比较顺利地由被动转化为主动。因此,作为大学入学的新生,一定要抓住这一关键时机,让被动走向主动。否则,自己的人生发展将陷入更大的被动。

3. 多对一情况

就是多种专业都可以发展到某一种职业的形式。这类职业一般属于管理型的职业。比如营销主管、企业管理人员等。这种类型也适合用于先确定职业目标后确定专业方向的情形。它其实和第一种比较类似,在职业生涯规划时处于比较主动的态势,能够比较好地找到一条求学成本最低的生涯路线。

四、常见的专业认知困惑

【案例解析】

中国教育在线问卷调查

选项内容	所占比例	票数
◎ 非常喜欢自己的专业	14.02%	67
◎ 比较喜欢	28.24%	135
◎ 没感觉	20.92%	100
◎ 不喜欢,没什么兴趣	15.48%	74
◎ 十分不喜欢、非常苦恼	21.34%	102

调查内容:你喜欢你的专业吗?[总票数478]

刚刚在中国教育在线上面看到的调查结果,不看不知道,一看吓一跳。虽然参与调查的人数不是很多,但是调查结果我想还是能够说明一定问题的。只有14%的同学非常喜欢自己所学的专业,而从"没感觉"到"十分不喜欢"的竟然占到了57.7%之多。没有兴趣的话,怎么会有学习的动力呢?也许我们会把原因归结到中国的教育机制上,但是,我想这不应该成为唯一的原因。毕竟,我们很多人的专业是自己选择的结果。这个问题应该让我们好好地思考一番了——为什么没有兴趣?因为不好就业?因为将来从事这方面工作待遇低?还是因为根本就不喜欢这些专业?我们还应该思考一下,我们究竟对什么感兴趣呢?那些热门专业就真的适合我们吗?我想也未必!就像那些专家们说得那样,我们真的应该理性对待"专业困惑",最好能够在所学专业的学习过程中,发现学习的兴趣。否则,大学留给我们的只能是更多的遗憾和失望!

现在我们就从以下几个方面来分析一下大学生常见的专业认知困惑。

1. 专业困惑

(1)困惑内容

对专业不满意是新生最普遍的表现,一是不喜欢所学的专业,二是担心该专业的就业前景不景气,对未来感到迷茫。尤其是许多同学当初填报高考志愿的时候,对于所填报的专业培养目标、就业方向了解得不多,如何才能摆脱自己的专业困惑呢?

(2)解决方法

①去了解它、面对它和接受它。既然选择了这个专业,或者说这个专业选择了你,抱怨是没有用的,那么最好的方式就是接受现实,在这个基础上进行第二次选择。

②专业和就业的关系。专业并不能决定我们的最后职业,我们应该把专业当作个人成长的工具和手段。通过大学专业课程的学习,获得各种实际技能、锻炼自己的综合素质将是自己终身受益的宝贵财富。另一方面,我们还可以选择自己喜欢的专业和学科作为自己的第二专业来学习。只要勤奋和努力,跨学科的学生往往要比某一学科的学生更具发展潜力。

2. 学习目标困惑

(1)困惑内容

高中时上学是为了考大学,考上大学之后就觉得没有了学习的目标和动力,不知道学习还为什么。人生是由很多阶段组成,不同阶段应树立不同的奋斗目标。新生在进入大学之后,第一个应该思考的就是我要学习的目标是什么。

(2)解决方法

学习目标概括起来有两个:拥有硬件,提升软件。拥有硬件就是获取各种知识,取得各种证书:英语等级证书、计算机等级证书、各种比赛的奖励证书等。提升软件就是锻炼三种能力:学习的能力、思考的能力和做人的能力。学习的能力是指能够找到适合自己的学习方法,能够很好地利用图书馆、互联网等寻找自己需要的资料和信息。思考的能力是指对于所获取的知识能够进行自己的反思和判断,能够在所学知识的基础上进行创新。从某种意义上说,这也是创新的能力。做人的能力则是指通过大学教育掌握提升自身素质的方法,学会做一个挺直脊梁的大写的人。

在设定学习目标过程中,还要注意远期目标和近期目标相结合,不要把目标定得过高或者过低,应该结合本专业的实际和自身的实际,制订出适合自己的学习目标和符合实际的学习计划。

3. 学习方法困惑

(1)困惑内容

面对大学太多的"自由",再加上学习目的的缺失,学习方式的改变,学习节奏的不适应,许多新生都不知所措。大学老师不会"跟堂",没有太多的硬性作业,许多学习都要求学生在课余时间自己完成。没有了教师这个"指挥棒",学生面对突然多出来的"自由时间",常常不知该如何支配。

（2）解决方法

①在树立学习目标的基础上,尽快适应大学的授课方式。一是对自己上课的体会进行总结和摸索,有问题可以先到师哥师姐那里讨教一下,也可以向老师请教。这样可以了解一些老师的授课特点、授课进度等,便于你对学习的进程有一个整体的认识。但要注意学习方法要适合自己,适合自己的才是最好的。

②注意学习的层次性,注重自学能力的培养。大学开设的课程有专业必修课、选修课、公共课和公选课等。这是不同层次的课程设置,专业课是我们获得专业知识、锻炼能力的基地,公共课是培养职业素质的基础课程,而公选课则是拓展视野、提升能力的课程。

③培养和激发学习的兴趣。兴趣是最好的老师,人在兴趣的指引下进行的学习是积极主动、心情愉快的,其效果也是最佳的。从这个意义上来说,兴趣是推动我们学习的一种最实际的内部动力。

五、专业认知与创业

1. 专业与创业之间并不存在必然的关系

一般来说,专业与创业之间并不存在必然的关系。例如我们所熟悉的阿里巴巴的创始人马云,他原来是学英语专业的,毕业后当了英语教师,但后来创立了阿里巴巴,是个电子商务公司,可以说他所学的英语专业对于他后来所创立的公司并没有直接促进作用,也不存在任何专业相关的优势。因此,从某种程度上说,任何一个专业的学生,都可以依据自己的意愿与其自身优势理性地选择创业。

2. 某些专业在创业中具有天然的优势

虽然专业与创业关联度不高,但事实上确实也存在某些专业,对创业者来说有一定的天然优势。根据麦可思创业研究报告显示:2010届高校毕业生自主创业主要集中在计算机、电气自动化、电子、市场营销、机械制造类等专业。以下是本科、专科的自主创业最集中的专业前10位,具体见表1.5所示。

表1.5　2010届本科毕业生半年内自主创业最集中的专业前10位

本科专业名称	所占比例/%
艺术设计	6.2
计算机科学与技术	5.4
国际经济与贸易	4.1
工商管理	4.1
市场营销	3.3
英语	3.1
电子信息工程	2.8
机械设计制造及其自动化	2.7
电气工程及其自动化	2.2
汉语言文学	2.0

与 2007 届本科生创业集中专业前 10 名相比,艺术设计专业的大学生创业人数所占比例跳跃式上升;计算机科学与技术专业创业比例依旧比较高;汉语言文学专业的创业群开始崭露头角。

表 1.6　2010 届高职高专毕业生半年内自主创业最集中的专业前 10 位

高职高专专业名称	所占比例/%
机电一体化技术	4.5
市场营销	3.4
数控技术	3.3
计算机应用技术	3.0
物流管理	2.9
模具设计与制造	2.8
电子商务	2.7
计算机网络技术	2.4
应用电子技术	2.1
电气自动化技术	2.0

互联网的兴起与快速发展,以及创业热潮只增未减的势头,还有其门槛相对比较低,风险也因此大大降低的优势,应该是许多计算机相关专业的大学生选择创业的主要原因。不论是早些年还是近几年,不论是本科生还是专科生,其创业人数一直居于前 10 位。不过,从数据中也透露出一个新信息:大学生创业专业主要集中在技术类;本科生创业管理类比专科技术类比例大;2010 年艺术设计专业创业人数位居第一,未来一段时间,艺术类工作室将是一个大的创业方向。(注:自主创业专业集中程度即所占比例=2010 届本专业毕业生自主创业的人数/2010 届同学历层次毕业生自主创业的总人数)

3. 一定的专业知识是创业的前提

虽然学什么专业与你选择创业,并没有必然的联系,但从创业生涯规划的角度来说,任何一个创业者也总要以一定的专业知识为前提。首先,创业时,要尽量结合自己所学专业进行相关行业领域的创业。例如护理专业的学生,结合所学专业可以创立一个社区医疗服务诊所,食品加工专业的学生,可以创立一个食品加工的公司。对于大学毕业生来说,依托自己所学专业,介入自己所熟悉的专业领域,开展创业项目,创业成功的几率会大大提高。另外,不管你将来要从事什么领域的创业,也总要掌握一些相关的共性的创业专业知识。比如营销知识,企业管理知识,财务知识,相关行业的专业知识,相关法律知识,等等,这将对今后的企业管理与经营,保持企业的稳定可持续发展具有重要的意义。

练习:请结合上述学习内容,进行专业相关的创业思考,并将你的想法填写在下面的表格里。

你的专业:	
你的专业可从事的创业项目有:	
目前你想从事创业,自身存在的专业优势有:	
针对你想从事的创业项目,还需要学习的专业知识有:	

六、生涯实训指导

1. 实训项目:入学调查问卷

(1)实训目的

通过活动使学生能够对自己上大学以来存在的问题进行一个客观的思考,并能够在活动进行过程中,明确存在的问题,思考解决问题的方法与策略,为专业认知与生涯规划的发展奠定基础。

(2)实训内容

你的困惑所在——。

调查问卷

亲爱的同学们,你们好:

当你升入高职院校后,你是否很好地适应了高职院校的学习生活?为了帮助大家对自己进入高职院校以来的情况做出客观的评价,我们设计了这份调查,问卷有针对性地列出了可能面临的困惑,以利于我们一起采取有效的措施给予解决。请仔细阅读下表中相关项目,并根据自己的实际情况,在每一项后做出选择,并画"√"

项　目	是	否
★1.我自己选择的院校		
★2.我了解我的院校的专业设置		
3.我不能分清高职院校与其他高校在培养目标上的区别		
★4.我认为高职毕业生在就业市场上很有竞争力		
★5.我喜欢我所学的专业		
★6.我很清楚需要学习的知识和技能		
7.我不知道我所学专业的主要就业方向		
8.我总觉得别的专业可能更有发展前途		
★9.学习中若遇到问题,会请教别人或查看参考书		
★10.做笔记时,把材料整理成条文或图表,以便理解		
11.学习时会同时做一些无关的事情		
12.总是在考试时我才想到看书		

续表

项　　目	是	否
★13. 我知道在不同的年级学习的侧重点不同		
★14. 我知道在什么情况下可以获得专业相关的职业资格证书		
★15. 我清楚地知道我需要增强我的＊＊＊能力		
16. 我不知道实训、实习课程对我成功就业的重要性		
★17. 我关注就业形势变化		
★18. 我清楚我今后从事的职业性质		
★19. 我了解自己就业时的优势		
20. 我不清楚除了知识和技能还应该提高哪些自身修养		
★21. 我知道本专业的优秀人物		
22. 我不清楚今后将从事的工作会有什么样的发展空间		
★23. 我觉得参加工作之后继续提高职业技能是很必要的		
24. 我不清楚如何把自己的专长运用到工作之中		

总分：_____

注：计分分为两部分：

1. 带★项目的记分方法：是(2分)；否(0分)。
2. 不带★项目的记分方法：是(0分)；否(2分)。

调查内容可分为六个方面，请根据自己的填写情况统计出得分，画出自己的分析情况曲线图，并填写自我反思表。

1～4题是你对高职的了解，得分_____； 5～8题是你对专业的了解，得分_____；
9～12题是你对学习的习惯，得分_____； 13～16题是你对学习的计划，得分_____；
17～20题是你对就业的了解，得分_____； 21～24题是你职业的规划，得分_____。

【知识导读】

成功没有标准的道路，选择适合自己的跑道

著名的职业规划师陈功认为：一生职业生涯长期的成功，可持续的职业发展，必须建立在适合自己的长远规划之上，得益于一次次在战略高度上进行的职业选择。成功没有标准的道路，每个人都是与众不同的，都有自己的性格和天赋。我们必须选择适合自己的跑道。

IT领域的"地球人"都知道——中国大学生的"思想教父"李开复先生在2005年7月正式从微软跳槽谷歌，任职Google全球副总裁兼中国区总裁，成为世界首富的敌人。从这起震惊全球的跳槽事件中，通过李开复的求学和职业生涯来谈谈人生规划的几个关键要素。

1. 选对专业

在研究历史政治的父亲的影响下，李开复在美国哥伦比亚大学一开始选择的是法律，从80年代的美国社会看，在名校毕业后当一名律师是收入多、地位高、前途好的理想职业。但

是,到了大二李开复发现自己并不喜欢这个专业,在接触计算机之后,疯狂地喜欢上了这个专业,每天废寝忘食地编程,随后便放弃法律专业一年多的学分,转入了在当时看来"前途未卜"的计算机专业学习。

实际上,这是李开复最重要的一个决定。因为选择了计算机专业,使其数学天赋得以淋漓尽致地发挥;因为选择了计算机专业,强烈的兴趣激发了极大的激情,为李开复带去了持久的动力,让他敢于大胆尝试,积极主动地争取成功的机会。结果,他在计算机领域取得了辉煌的成就:第一个开发出"非特定人连续语音识别"系统,开发出击败人类的国际象棋世界冠军——"奥赛罗"人机对弈系统,成为卡内基梅隆大学计算机系的助理教授,2000年又成为美国电气和电子工程师协会的院士。如果没有改学计算机,那么今天的李开复也许只是一个不快乐、不成功、不知名的小律师。

"想要爱你所做,要先做你所爱"。每个人在接受高等教育或走上工作岗位的时候,都会面临一个重要的选择,就是将会影响职业生涯的——专业。成功不一定是靠专业知识,但选择一个正确的、适合自己的专业,会让自己走对路、做对事。对于25岁之前的人来说,选择专业是跨出职业生涯道路的第一步,应当结合自己的兴趣、理想、价值观和天赋来考虑自己的发展定位。假设姚明如果没有选择打篮球,而是和普通家庭的孩子一样读完大学再出来找工作的话,恐怕是不可能有现在这样的影响力和成绩的。所以,选择先于努力,人生只有一回,强迫自己做不喜欢的事情,将会付出巨大的机会成本,平庸地度过一生。如果不想人生留下遗憾,就应该在全力以赴之前慎重选择。

2. 选对环境

应该说,李开复是幸运的,除了自身的天赋之外,他成功的另一个关键要素是他在良好的环境中成长。美国的教育方式以赞扬和激励为主,鼓励学生锻炼推理能力和创新能力,所以,受过美国教育的学生通常具有触类旁通、举一反三的分析能力。在攻读博士的时候,李开复选择了开明的导师瑞迪,开始了语音识别系统的研究,当他提出了和导师大相径庭的解决方案时,导师并没有阻止他的尝试,而是保留不同意见地支持他做下去。结果自然是李开复成功了,获得了商业周刊颁发的"1988年最重要科技创新奖"。这如果是在强调应试的教育环境中,创新的思维能力就很可能被扼杀在背诵和应付考试之中。

取得博士学位后,李开复在卡内基梅隆大学教了两年书,但他发现这并不是他的理想,所以他毫不犹豫地接受了当时如火如荼的苹果公司伸过来的橄榄枝。要知道,大学教授在美国是一个知识分子梦寐以求的职业,它有很高的社会地位和良好的待遇,就算是在今天仍是如此,名牌大学的一个"助理教授"职位,就有上千名的博士递出申请。选择"下海",是李开复人生的又一个飞跃。主动地选择自己所爱,使李开复一路升迁,从语音组经理到多媒体实验室主任,再到互动多媒体全球副总裁。到后来为微软组建中国研究院,改变了微软在国人心中霸权的形象,为中国的大学生提供职业指导,成为他们的"精神教父",一切似乎如鱼得水。但是,七年之后,李开复觉得在微软能学习到的东西不多了,又做出了一个震惊世界的决定——跳槽Google。而且还公开是自己主动向Google投怀送抱的,他的解释是:I need to follow my heart. 一个拥有辉煌成就和高层身份的人,敢于主动去应聘更有激情、更具潜力的公司,这是怎样的一种不简单。环境造就人,环境也可以糟蹋人,李开复这一路的高歌猛进,真的仅仅是运气使然吗?

【任务小结】

通过本部分内容的学习,大学生应该明确专业认知的内容,对专业与职业的关系有一定的认知,同时明确常见专业困惑问题以及掌握解决的有效方法,并在此基础上能够理解专业与创业的关系,为未来的专业学习与生涯规划的发展奠定基础。

任务四 撰写自我分析报告

教学导航

教	知识重点	自我分析报告的内容
	知识难点	自我分析报告的原则
	推荐教学方式	案例与个性化指导相结合
	教学场所	多媒体教室或实训室
	建议学时	4学时
学	必须掌握的理论知识	了解自我分析报告撰写的原则,把握自我分析报告的内容
	必须掌握的工作技能	撰写分析报告
	能力训练	学会自我分析报告的撰写,能够结合测评结果正确剖析自己,并对未来发展提供可行性建议
	考核方式	考核方式采取过程性考核与终结性考核相结合的方式。最终成绩=平时成绩×30%+自我分析报告×40%+生涯人物访谈报告×30%

【单元寄语】

了解自己是职业生涯规划的第一步,这是一个自我认知、自我探索的必然过程。在这个过程中,同学们要冷静、客观、理性地了解自己,认真思考:我到底想成为一个怎样的人?我最看重的是什么?我的兴趣爱好究竟是什么?我的性格和个性属于哪种类型,与他人相比,我的优势和弱势在哪里?我将来最想从事的是哪个领域的职业?我究竟想做什么?我究竟适合做什么?……可以通过自我评估与他人评估相结合的方法,也可以借助高校或社会相应的服务机构所提供的心理、性格、能力、职业选择等方面的测试,尽可能地充分地了解自己,客观地评价自己,在职业生涯规划中,选择职业方向时使自己的个性特征与理想职业相吻合。

●某职业学院学生王某,大学毕业后在一家出版社当编辑,编了几本书,但书的社会反响并不强烈,发行量也勉强保本。在此过程中,他还被合作者"涮"过两回,筹划了几个月,先期也有了一些投入,但最后出书计划流产。所以,原本话不多的他变得越来越内向,不愿意与人沟通,不相信别人,事无巨细都要自己去做。在一些具体工作的细节上又特别苛求,对自己对别人都一样,变成了一个"绝对的完美主义者"。如此一来,同事们都不太愿意与他共事,领导对他也只能暗暗摇头。当然,敏感的他对自己的这种状况也心知肚明,却没有办法克服,使他非常苦恼……他的问题出在哪儿了呢?

【问题】

上述王某的案例中,你认为王某存在什么问题? 如果是你,你会如何应对工作中出现的这种情况呢? 如果是你的下属,你又应该如何做呢?

 练习:请同学们写出你处理此问题的观点。

_____
_____

一、撰写自我分析报告的原则

同学们在撰写自我分析报告时应当遵循以下几个原则:

1. 客观性

要求同学们在自我分析时,可以通过各种测评手段对自己进行测评,但一定要结合自己的实际情况,对自己进行正确的认识和评价。

2. 全面性

人最难的就是认识自己。我们不仅仅要从兴趣、性格、能力等方面对自己进行认知,还要从自己的外貌、气质、天赋等方面对自己进行全面多角度的分析,只有这样才能更好地认识自己、了解自己。

3. 发展性

我们每个人都是不断成长、不断发展的。因此,在进行自我分析时,应该用发展的眼光去看待自己。不仅仅看到现在的自己,还要看到自己的将来。

二、自我分析报告的内容

自我分析报告应当包括个人基本情况、兴趣、性格、能力、价值观等方面的内容。下面是自我分析报告的一个模板,同学们可以借鉴此模板进行自我分析。当然,不局限于这些内容,你们可以根据自己的实际情况,增加某些内容,使自我分析报告更加完整,更加符合自己。

1. 个人基本情况

姓名:_____ 性别:_____ 出生年月:_____

家庭住址:_____

所在学校：_____ 学院：_____ 专业：_____
年级：_____ 手机：_____ QQ：_____

2. 你的兴趣

①你的兴趣爱好有：_____

②你的霍兰德兴趣类型：_____ _____ _____

"霍兰德兴趣类型"符合你自身情况的描述：
_____
_____

根据"霍兰德兴趣类型"适合你的职业有：_____
_____
_____

3. 你的个性

(1) 你的气质类型：_____

该气质类型符合你的描述：_____

(2) 你的 MBTI 偏好类型：_____ _____ _____

请根据"MBTI 维度解释"表和"MBTI 16 种性格及其通常具有的特征"表中对 MBTI 类型的描述，写下最能描述你自己的语句。
_____
_____

4. 你拥有的能力和技能

找出你最擅长并愿意在未来职业中运用的技能。

列出你最重要的五项专业知识技能。

(1) _____
(2) _____
(3) _____
(4) _____
(5) _____

列出你最重要的五项自我管理技能。

(1) _____
(2) _____
(3) _____
(4) _____
(5) _____

列出你最重要的五项可迁移技能。

(1) _____
(2) _____
(3) _____
(4) _____
(5) _____

5. 你的价值观

列出你最重要的五项价值观,并请具体说明它们的含义。

(1)_____

(2)_____

(3)_____

(4)_____

(5)_____

6. 他人对我的评价

(1)_____

(2)_____

(3)_____

(4)_____

(5)_____

7. 你的优势劣势

综合以上及与他人相比,你认为你的优势劣势是什么?

我的优势	我的劣势

8. 自我分析小结

_____

_____

_____

三、生涯实训指导

实训项目:撰写自我分析报告

(1)实训目的

帮助学生明确自身的个性特点,知道自己喜欢什么职业、适合什么职业等等,更好地认识自己、澄清自己。

(2)实训内容

①可以借鉴本节课提供的模板以及范例进行分析。

②内容完整,详尽具体,能够体现对自身全面客观的分析。

③自我分析能够与专业结合、社会结合,并找出和其匹配的职业领域。

④逻辑严密,文笔流畅,有个性特点。

(3)实训场地

无固定场地。

(4)考核方式

每人完成一份自我分析报告。

【知识导读】

大学生自我分析案例

【姓名】程锐

【规划年限】四年

【年龄跨度】18岁~22岁

【阶段目标】顺利毕业，成为一个有一定经验的市场营销人员（职业方向）

【总体目标】成为一家大公司的总裁

【个人分析】

自己是属于那种很外向的人，善于沟通，曾经有过兼职推销人员经历并取得相当不错的成绩。而且，自己所学的专业也是市场营销专业，这也正是自己的兴趣所在。

【社会环境分析】

中国现在是一个政治稳定，经济、文化高速发展的国家，并且这种状况也将持续相当长的一段时间。这种情况为每一个人都提供了一个好的发展机遇。随着市场经济的发展，市场在经济活动中的作用将越来越大。

【职业分析】

社会的发展将会对市场营销的职业产生重要影响，对市场营销的依赖性将越来越大。而且，社会对市场营销的需求将越来越大。个人选择的行业还没有最后确定，但比较感兴趣的是制药、保险和食品。这些行业都是社会所不可缺少的行业，而且随着社会的发展，这些行业的发展空间也会相当大。

【目标分解与目标组合】

目标分解：目标可分解成两个大的目标——一个是顺利毕业，一个是成为一个有一定经验的市场营销人员。

对于第一个目标，又可分解为把专业课学好和把选修课学好，修完足够的学分，顺利毕业。接下来，还可以细分：在专业课程中，如何学好每一门课程；在选修课程中，需要选择哪些课程，如何学好……

对于第二个目标，又可分解为接触市场阶段、了解市场阶段、熟悉市场阶段。接下来，还可以细分：在接触市场阶段，要采取什么办法，和哪些公司保持联系……

目标组合：顺利毕业的前提是学好专业课程，而专业课程的学习则对职业目标（成为一个有一定经验的市场营销人员）有促进作用。

【具体实施方案】

要成为一个有一定经验的市场营销人员，需要缩小自己和有一定经验的市场营销人员的差距。这些差距包括：

思想观念上的差异。刚从事销售的人一般会认为销售只是卖出商品，但有一定经验的人则会认为销售是"卖出自己"——客户只有相信销售者，才可能购买商品。为了缩小这种差距，需要向有经验的人员请教，并在实践中去体会这一点。

知识上的差距。书本知识的欠缺只是一个方面，更重要的应当是实践的差距。为了缩小这种差距，需要在学习书本知识的同时，多参与真正的市场销售，在实践中体会书本知识。

心理素质的差距。市场销售需要百折不挠的精神，而作为一个被人称为"天之骄子"的大学生，缺少的可能恰恰是这一点，往往遇到些许挫折和失败就会退缩。这种差距需要在实践中逐步消除。

能力的差距。这一点可能是最重要的。为了缩小这种差距，除了在实践中逐步学习之外，还要和七八名销售高手保持密切的联系，以便随时请教和学习。

【检查和反馈】

在向高手请教的过程中,发现自己需要学习的书本知识还不够,特别是外语方面能力需要提高,否则,就无法适应现在的销售要求。所以,决定加强英语学习,准备报一个英语口语班,每周上一次课,同时,准备参加学校的英语角,切实提高英语水平。

在销售过程中还发现,销售中很多仅属于事务性的活动,没有太多的智力成分,所以决定以后减少参加类似活动的次数,把精力用在那些对自己有锻炼意义的事情上。

【任务小结】

任务四是第一模块的最后一部分,也是对第一模块的总结。学习后,我们在明确了职业生涯规划对大学生的意义,通过自我认知、专业认知,对自己也有了一个全新的认识和了解,并初步形成一份自我分析报告,为下一步进行生涯决策和生涯管理打下坚实的基础。

模块二

生涯决策与管理篇

本模块学习目标

通过本模块的学习,使学生能够达到:

1. 知识目标

了解职业的概念和分类;了解职业生涯决策的类型和职业生涯管理的内容。

2. 能力目标

能够运用职业分析的方法和途径,进行职业探索;能够运用生涯决策的方法与策略进行生涯决策;能够运用生涯管理的方法与策略进行生涯管理。

3. 素质目标

明确职业素养与职业能力对大学生职业发展的重要意义,愿意积极主动地提升自身的职业素养和职业能力。

教	知识重点	职业认知的内容
	知识难点	职业认知的方法与途径
	推荐教学方式	专家讲座
	教学场所	多媒体教室或实训室
	建议学时	4学时
学	必须掌握的理论知识	了解职业的有关概念和职业的分类;理解职业认知的内容
	必须掌握的工作技能	职业认知与职业匹配
	能力训练	掌握职业认知的方法与途径,能够运用职业认知的方法与途径,进行职业探索
	考核方式	考核方式采取过程性考核与终结性考核相结合的方式。最终成绩=平时成绩×30%+职业生涯规划书×40%+生涯发展路径与行动方案×30%

【单元寄语】

如果人是职场中自由游弋的鱼儿,那职业环境就是水和温度,为人提供了活动的空间、发展的条件和成功的机遇。因此,在我们选择工作时,除了考虑自己的兴趣和能力等自身因素外,我们也要考虑其他一些因素,如这个行业(职业)发展的前景如何?是不是热门职业、新兴职业?该职业的社会地位如何?等等。当我们清楚了某职业的工作环境、工作内容、发展前景等等,我们才能选择好自己的目标职业。

模块二　生涯决策与管理篇

> ● 杜飞是师范教育学院学前教育专业的学生,最近因为专科毕业就找工作还是专升本和父母有了分歧。父母认为现在的社会看重学历,有些专科生能做的工作要本科生来做,高学历才是香饽饽,必须获得更高的学历才能有好的发展。杜飞虽然觉得父母说得有些道理,但是自己实在不愿意再读书了,一想起考试复习和准备的内容就头疼,难道现在的用人单位真的对学历要求越来越高?
> ● 吴绪到就业指导老师那里去寻求帮助,她对自己现在所读的专业比较喜欢,但是不知道自己除了做专业对口的工作之外,还可以结合自己的专业学习,进行哪些相关的职业选择。另外,现在许多企业需要综合型人才,如果选择专业对口的职业,现在还需要结合自己的专业学习哪些知识,提升哪些能力?

【问题】

上述案例中所述的内容,你熟悉吗?是否你也有同样的困惑呢?你认为你未来适合做什么职业?

 练习:请同学们写下自己毕业后的首选职业。

_____

_____

一、职业认知的重要意义

1. 职业认知的含义

俗话说:男怕入错行,女怕嫁错郎。而当今社会,无论男女选错职业都会对自己未来生活产生难以估量的影响。由此可见,大学生在进行职业生涯规划时,对职业环境进行探索是不可或缺的。时代在发生着不断的变化,职场也在发生着相应的改变,我们必须加强对变幻的工作世界的了解。我们必须把探索自己和了解职业环境两者结合起来,为自己的职业生涯发展付出时间和精力,在实践中去了解自己和工作,为自己的职业生涯发展奠定坚实的基础,顺利完成从学生人向职业人的转变。

2. 职业认知的重要意义

现在的大学生所面对的是一个比以往竞争更加激烈的时代,以更为主动的姿态去适应时代的要求,有着更为积极向上的拼搏精神,才可能获得理想的生活。

【案例解析】

什么都不知道的弈棋

从小到大一直都听父母安排的弈棋就读某职业院校的护理专业。高考填报志愿的时候,父母问她喜欢干什么时,她说喜欢当文秘,认为文秘工作轻松,整天坐办公室里,很悠闲自在。父母觉得文秘现在处于相对饱和状态,一个女孩子将来做护士比较好,于是就帮其选择了护理这个专业。弈棋也没怎么反对,也怕将来不好找工作。毕业后,父母花了不少钱帮她安排了一个三甲医院,这时才发现,护士很累,压力大,也不适应倒班工作。父母看着女儿每天疲惫的样子,又不忍心了,于是又帮女儿安排在一个单位从事文职工作。弈棋开始还高兴得不得了,干了一段时间又不喜欢干了,发现文秘也不好干。虽说整天在办公室里,但是整天安排会议、写稿子、下达通知……琐碎的不得了。弈棋和父母都不知道该怎么办了?

(1)促进职业的正确选择

在和大学生的接触中,我们发现大家对职业的了解参差不齐。有些学生在大一就有了自己心仪的职业并且在做着各种准备,但也有很多同学却期待着老师能帮助自己做出直接的选择:老师,你说我毕业后适合干什么呢?我现在应该做些什么呢?同学们如果能对职业世界了解得更多,虽然面临激烈的市场竞争,也能找到自己的一席之地。

(2)增进对自己的了解和认识

很多大学生在假期结合自己的专业寻找适合的单位实习,既检验了自己所学的知识,又在实践中检验和反思自身的欠缺。这种真实的情景,对于大学生未来的职业选择显然是大有裨益的。

(3)培养和提升大学生能力

人的能力分为多种,但个人成长和一些企业所要求的抗压能力、团队合作能力和人际交往等能力,需要在实践中去检验,需要在实践中培养和提升。

(4)实现大学生的社会责任

从大学生走进校园的那一天起,就肩负着"为增长智慧走进来,为服务祖国和同胞走出去"的神圣职责。大学生是未来社会的主人,利用所学,为人民排忧解难是大学生价值的体现,也是大学生义不容辞的责任。

二、职业认知的内容

1. 职业概述

职业汇聚了我们一生中精力最充沛、最具创造力、最有魅力、最灿烂的时光。职业选择是人生的关键一步,它决定我们人生的幸福和成就,因此我们应该了解职业及其发展趋势,为选择理想职业打好基础。

(1)职业的概念

职业,"职"为"职责","业"为"行业""业务"。职业是参与社会分工,利用专门的知识和技能,为社会创造物质财富和精神财富,获取合理报酬作为物质生活来源,并满足精神需求的工作。职业具有专业性、多样性、技术性等特点。

在现代社会中,从事某项职业,通常要通过较长时间专业性知识的技能培训。如医生、教师、科技工作等。大学生们在学校学习专业知识和技能,就是为以后从事某项职业做准备。

(2)职业的分类

职业分类是以工作性质的同一性为基本原则,对社会职业进行的系统划分与归类。职业分类的目的是要将社会上纷繁复杂,数以万计的现行工作类型划分成类系有别、规范统一、井然有序的层次或类别。

我国的职业分类结构包括四个层次,即大类、中类、小类和细类,依次体现由大到小的职业类别。细类作为我国职业分类结构中最基本类别,即职业。《中华人民共和国职业分类大典》将我国社会职业归为 8 个大类,66 个中类,413 个小类,1838 个职业。八个大类分别是:

第一大类：国家机关、党群组织、企业、事业单位负责人；
第二大类：专业技术人员；
第三大类：办事人员和有关人员；
第四大类：商业、服务业人员；
第五大类：农、林、牧、渔、水利业生产人员；
第六大类：生产、运输设备操作人员及有关人员；
第七大类：军人；
第八大类：不便分类的其他从业人员。

（3）未来职业的特点

1）新职业不断涌现

随着社会的快速发展，社会分工越来越细致，新的职业不断涌现。据专家预测，今后每10年将发生一次全面性的"职业大革命"，其中，重大变化每两年就会有一次。由于新职业都是适应社会经济发展和市场需求而产生的，因此基本上也都是目前的热门职业、走俏职业、能够获得高薪的职业。现在，新职业正以惊人的速度产生着，如首席信息主管、职业药师、注册会计师、健身教练、猎头、形象设计师、出国顾问、网站CEO、职业指导师等。

2）职业的技术含量不断增大

新职业的知识含量、技术含量越来越高。不仅那些信息产业、管理、咨询服务业的新职业如计算机系统分析师、金融分析师、投资咨询师、心理咨询师、保险精算师、收益精算师、税务代理师、理财师等，对从业者的教育背景、知识技能的要求很高，就是那些"灰领"职业，也要求从业者具有良好的专业知识与操作技能，如数字视频策划制作师除了需要掌握数码、策划等方面的专业知识之外，他们还需要掌握视频节目策划、视频拍摄、视音频编辑合成、剪辑、DV影片输出与刻录等方面的技能。

3）职业要求不断更新

有些职业，随着工作条件和工作设备的变化，对职业的内容有了新的要求。例如教师职业在以前要求有良好的口头表达能力、组织协调能力，还要有一手漂亮的板书。如今，教学大都使用计算机辅助设备，教师不仅要具备以上能力，还要会使用计算机，熟悉办公教学软件的使用，能够制作教学课件等技能。

2. 职业认知的内容

职业认知包括对家庭环境、学校环境、社会环境和专业、行业、企业、职业和岗位等的探索，这也是职业认知最主要的内容。

（1）家庭环境

每个人从出生伊始就受到家庭环境的影响，这种影响往往是多方面的、深远的。家庭环境的好坏往往能影响人的一生。尤其是90后的孩子，自身的生活、学习、发展，很多都是父母安排的，很多事情也都是父母帮着选择的。因此，在对职业环境分析时首先你要对自己的家庭环境进行分析。

对家庭环境分析，要把家庭的经济条件、家人对你的职业期望和家族人的职业等因素综合考虑进去。你需要思考以下问题。

你毕业后是否需要马上工作并且供养家庭？

你家人支持你从事哪些职业？能够为你提供怎样的资源和帮助？

你家人反对你从事哪些职业？反对的理由是什么？

你家人是否能为你创业提供机会和资金以及相应的支持？

你家人能否为你提供继续求学的支持？

你会如何在家人的意见和自己的想法中做出选择？如何说服自己和家人？

美国耶鲁大学相关调查数据表明，在20世纪90年代以前，个人能够自主决定自己命运的概率较大，贫寒子弟可以通过求学的道路来完成命运逆转的梦想，但是随着社会变革，一些因素导致社会流动性的减弱，出身、家境等权力因素导致的不均等现象也是日益普遍。但从整体上看，这个社会还是公平的，通过个人努力获得成功的人在职业上才能走得远，取得的成就也更大。

（2）学校环境

每所高校都有自身的历史、文化和优势，在发展过程中形成了自己的特点，因此我们需要利用好学校这个平台，首先要对自己就读的学校全面地了解，这包括以下几方面。

①学校的历史、院系和专业设置、师资力量、办学特色、校友资源。

②本专业和相关专业近几年的就业情况。

③学校社团、协会、暑期社会实践活动、志愿者活动等。

④图书馆能提供的资源、讲座、报告会等。

⑤与任课老师、辅导员、班主任、同学的交流。

在职业选择中大学生要充分利用学校提供的各种资源，增加对职业多层次的了解。充分考虑到学校的环境，利用学校提供的多种资源，了解更多的职业信息。

（3）社会环境

1）区域的劳动力供求情况

总体而言我国的劳动力市场长期以来呈现出供大于求的局面，但近几年我国劳动力无限供给的局面开始逐渐被打破。伴随着经济发展，我国劳动力市场的总体态势正向好的方向发展。

目前来看，我国结构性失业问题比较突出，劳动力不足与劳动力短缺同时存在。劳动力市场上供求信息的传递还不充分，一些新兴的行业和职业对人才，尤其是技能型人才的需求，难以很快地在劳动力供给体制中得到反映。此外，中国的劳动力市场发展在区域间还有很大的差异。东部沿海地区劳动力市场的发展领先于其他地区，而中西部地区则相对滞后。我国沿海地区和一些大城市就业市场的竞争就可能比其他城市更加激烈。

2）世界经济一体化带来的影响

伴随着全球经济一体化的发展，人才全球化的趋势也更加明显。人才竞争的国际化，对人才素质提出了更高的要求，也为当代大学生提供了前所未有的机会，同时也面临着巨大的挑战。信息技术的发展缩小了国家之间的距离，世界500强企业纷纷进驻我国，我国的一些企业也开始向国外发展，因此，当代大学生要有国际化的视野，在更广阔的平台上规划自己的职业生涯。我们既要关注世界上发达国家的政治经济形式，关注某些行业的最新动态，也要关注我国各个行业在世界经济大潮影响下的发展。例如世界金融危机的爆发，会使各国的就业岗位整体缩减，有些行业的用人计划大大缩减，但有些产业的发展却遇到良机。

3）现代社会的职场变化

①市场经济与职业发展。**市场经济催生了很多新职业。**职业是一种社会现象，是人类社

会发展的产物。随着社会的进步,新的职业不断出现,也让很多传统职业逐渐退出历史的舞台。以人为本的观念激发了当代人的灵感,只要能实现自身的价值,能满足社会需要,靠合法劳动赢得收入的职业就值得当代大学生去开创和竞争。另外职业世界出现的多种工作形式为大学生职业选择提供了更广阔的空间。

"大学毕业了,去联想也好,卖猪肉也好,烤地瓜也好,只要不犯法,不害人,都没有什么关系,要紧的是,选择了以后,怎么把事情做好。"国内有北大才子陆步轩卖猪肉,国外有哈佛大学毕业生开出租车。近年来,更有很多大学生应聘社区工作、竞争清洁工和公交司机、售票员的例子更是层出不穷。很多时候选择什么不重要,选择也没有对错之分,要紧的是选择怎么做。

②知识经济与职业发展。高职高专教育以培养生产、管理、服务第一线,具备综合职业能力和全面素质的高端技能型专门人才为办学宗旨。知识意味着生产力,知识意味着发展和创新,知识意味着市场和经济效益,知识意味着劳动者素质的提高。

根据新华网的消息,从黑龙江省人力资源和社会保障厅了解到,我省高技能人才缺口达30万。我省作为老工业基地,虽然有着较为雄厚的技术力量,但与经济社会发展的要求相比较,高技能人才缺口达30万,远远达不到经济发展对技能人才培养的要求。现代工业发展需要的不仅仅是技术工人,而是有技术、动脑、动手能力又强的灰领。"灰领"不从事"白领"的管理工作,也不同于普通"蓝领"的一般技能劳动,而是在技术引进、工艺创新、产品研制、设备调试时,能担当起"技术大拿"的重任,攻关破难。主要集中于新型制造业、信息产业及现代服务业,如汽车、电子等行业的汽车维修师、高级焊工等;一部分在新兴服务业,如网络管理、动漫画制作人员等。

4)行业、企业、职业、岗位

①了解行业。行业是社会分工的大类,了解行业包括:

a. 行业的分类、发展状况;

b. 国际国内重大事件对该行业的影响;

c. 目标行业的优势与问题所在;

d. 行业的发展趋势;

e. 行业内知名的企业和人物等等;

f. 目标行业内知名企业的信息;

g. 行业内知名人士的博客和言论。

在分析行业的时候,一定要结合国际和国内的环境来进行综合分析。建议同学们,要及时掌握最新的行业消息。

《国民经济行业分类和代码》按其所属行业将国民经济行业划分为20个门类:A 农、林、牧、渔业;B 采矿业;C 制造业;D 电力、燃气及水的生产和供应业;E 建筑业;F 交通运输、仓储和邮政业;G 信息传输、计算机服务和软件业;H 批发和零售业;I 住宿和餐饮业;J 金融业;K 房地产业;L 租赁和商务服务业;M 科学研究、技术服务和地质勘察业;N 水利、环境和公共设施管理业;O 居民服务和其他服务业;P 教育;Q 卫生、社会保障和社会福利业;R 文化、体育和娱乐业;S 公共管理与社会组织;T 国际组织。

【案例解析】

专业与行业相结合的定位策略

下面所列的是经管类专业包括行业的名称以及定位策略。这些信息会帮助你了解专业和工作的关系,以及你应该采取哪些战略来竞争这些工作。定位策略能够帮助你进入梦想职业,为生涯做好准备。

表 2.1　经管专业的定位策略

专业和子专业	有关的行业/雇主	定位策略
会计 　税务 　审计 　信息系统 　管理咨询 　普通会计 　成本会计 　公共会计 　公司会计	会计事务所 政府机构 银行以及其他金融机构 非营利组织 卫生保健行业 服务及制造企业 咨询行业 私人企业	达到注册会计师(CPA)或者 ACCA 证书的标准 培养一些先进的计算机技能 通过实习获得相关的经验 熟悉其他专业的证书项目(如税务) 培养数学能力、解决问题能力,优秀的沟通技巧,与他人相处的能力,锻炼自己的身体,以及注重细节的能力
金融财务 　公司财务管理 　银行 　个人财务规划 　房地产 　保险 　货币管理 　投资银行	银行和其他金融机构 理财机构 保险公司 房地产经纪人或中介机构 政府机构 企业	上一些传统的课,比如数学、统计、会计学来培养坚实的计算机技能 培养优秀的人际沟通能力 培养注重细节的能力 通过实习或暑期兼职来获得经验 加入有关金融财务领域的学生职业社团
通识商科 　管理 　销售 　营销 　保险 　银行业 　人力资源	零售企业 酒店和餐馆 银行和其他机构 保险公司 政府机构 非营利性组织 自己创业	通过加入学生组织来培养领导能力 通过实习或者兼职工作来获得相关领域的经验 制订一个你可以和雇主沟通的清晰的职业生涯目标
管理 　综合管理 　人力资源 　办公系统 　经营 　生产管理 　质量控制	零售和其他服务业 制造类企业 政府机构 非营利性组织 银行和其他金融机构 酒店及餐馆 卫生保健行业	培养优秀的人际沟通能力 在学生组织中获得领导角色 通过实习或兼职工作来获得相关领域的经验 在操作管理上获取一些统计或计算机系统管理方面的能力培训

续表 2.1

专业和子专业	有关的行业/雇主	定位策略
营销 　销售 　客户关系 　采购 　零售 　银行业 　市场研究 　品牌管理	营利与非营利性组织 产品和服务性组织 制造类企业 金融公司 保险公司 出版和电子媒介 零售行业 咨询公司	通过工作或实习来获得销售经验 培养人际沟通能力 展现你旺盛的精力 获取领导经验 获取 MBA 学位从而能够进行品牌管理,咨询及研究
交通与物流 　行程安排 　计划及规章制度 　运输管理 　物料管理 　客户服务 　采购 　咨询 　第三方物流	公路、铁路、航空公司、水路运输行业 制造类企业 配送中心 存储中心 公共交通系统 政府机构 军队 软件咨询公司	通过工作或实习来获得销售经验 通过学习和工作培养信息处理能力、分析能力、计量能力 通过加入学生组织获得领导经验 培养决策能力 学会在团队里工作,能与各种各样的人相处

②了解企业。企业是求职者直接生存和发展的土壤。每个企业都有自己的发展目标、运作模式,了解企业的历史、现状和发展方向是进入企业的基础。对企业的了解包括:

a. 目标企业在本行业中的地位;

b. 企业领导人的风格;

c. 企业的规模;

d. 企业的产品和服务;

e. 企业的经营战略;

f. 企业的组织结构;

g. 企业的文化和制度;

h. 企业近年的招聘情况;

i. 企业的薪酬福利;

j. 员工、顾客、其他企业对目标企业的看法;

k. 企业近年的招聘情况。

③了解职业。现代职业具有区域性、行业性和岗位性等特点。城市和农村,经济发达地区和经济落后地区对同一职业的要求不同,待遇不同;不同行业对同一职业的要求也有区别。

以会计职业为例。要想当好会计,你需要较优秀的数学天赋,并且要注重细节,你需要比别人承受更大的压力,你要在很短的期限内完成任务,能够做好单调的工作,能够独立操作复杂的项目软件,能够独立撰写研究报告、自己查账等。

【专家语录】

职业的选择,总的来说,无非就是销售、市场、客服、物流、行政、人事、财务、技术、管理几个大类,有个有趣的现象就是500强的CEO当中最多的人是销售出身,第二多的人是财务出身,这两者加起来大概超过95%。完全靠技术能力成为公司老板的,几乎没有。

了解职业包括:任职资格、工作内容、发展空间、薪资待遇、从事该职业的有影响力的人物及其言论、职业的标准化。

【知识导读】

职业资格证书

高职院校是培养高端技能型专门人才的基地,高职院校毕业生不仅要掌握一定的理论知识,更重要的是要具备一定的实际工作技能。作为我国劳动就业制度一项重要内容的国家职业资格证书制度,在高职院校的专业建设方面,也发挥着良好的导向作用。请同学们多向老师、学长、职场人士请教,根据自己情况,确定需要考取的职业资格证书,了解职业资格证书的考试时间、内容、用途等,确定备考的方式,获得相应的职业资格证书。

目前各种职业资格考试让人目不暇接,眼花缭乱。有些资格证书是从业必须的,比如心理咨询师职业资格证、会计上岗证、教师职业资格证等,但有些证书并非从业人员所必须。有些同学以为证书越多,工作越好找,就业机会越多,盲目地考了很多证,花了很多金钱、时间和精力,但却未考虑到自己的职业定向问题,也未必对就业有帮助,结果得不偿失。

④了解岗位。了解岗位就是收集具体岗位的信息和了解影响岗位的因素,对一个岗位有针对性、全面性的了解,目的是能够在竞争一个具体的岗位时具备一定的优势。非毕业班同学做职业规划重在确定行业或职业方向,了解岗位信息但不要着急确定目标岗位,否则可能使得选择范围缩小,影响职业生涯的发展。了解岗位信息要注意以下几个方面:

a.岗位描述,包括岗位职责、工作内容;

b.岗位的任职资格;

c.岗位应具备的知识能力和素质;

d.工作时间和地点;

e.晋升体系;

f.薪酬待遇和福利。

三、职业认知的方法和途径

既然明确了职业认知的重要意义,知道了职业认知的内容,接下来我们就应该了解职业认知的方法和途径。职业认知的方法和途径主要有媒介和实践活动。

1.媒介

通过媒介探索职业环境,是信息社会比较便捷的途径。但通过下面几种媒介搜集的信息量大,需要的时间比较多,请同学们有目的性、针对性的搜集职业信息。

(1)求职网站

网络已经成为大学生找工作、了解职场的重要工具。专门的招聘网站、企业网站、大学的就业网站、省市各级就业指导中心的网站都是不错的选择。

专门的招聘网站有强大的数据库、分类的职业招聘信息、职业的指导和建议、职场的趋势、各地招聘会和人才市场的链接等；

企业的网站可以了解企业的各方面情况和其校园招聘的要求；

学校的就业网站可以了解到近几年到本校招聘的单位，招聘的具体要求等信息；

各省市、高校的就业指导机构作为专门负责毕业生就业的机构，就业指导中心的网站是大学生搜集职业信息最方便、最直接、最有效的途径之一，所提供的职业信息具有针对性强、可信度高、成功率大等特点。

中华英才网

前程无忧

智联招聘

黑龙江省大中专学校毕业生就业服务信息网

新职业

人事部人才市场公共信息网

中国劳动力市场

中国中小企业网站

大醍醐网站

（2）行业期刊、杂志、报纸

行业期刊可以帮助大学生更好地了解专业知识、行业动态、行业知识，把课堂所学的知识和行业的发展情况有机结合起来，完善自己的知识结构了解专业和行业，使自己更加专业化；阅读报纸和杂志能开阔你的知识面，了解世界、国家和社会的发展，扩大自己的视野。从阅读中发现自己感兴趣的工作，从阅读中发现自己想做的事情，从阅读中让更多的选择从冰山下走出来，让自己的世界更开阔。

1）专业俱乐部、行业展会、研讨会、专题讲座等

参加专业的俱乐部，参加各种俱乐部的活动，一些志同道合的人定期交流或参与项目的研究与开发，是了解专业、发展专业能力的最佳途径之一。行业展会、研讨会、专题讲座也提供了很多与专家现场互动的机会，想了解职场的你，不妨参与其中。让你关于未来的梦想，在这些与专业人士近距离的接触中，早日实现。

2）博客、QQ 群、论坛、网络搜索、微信

博客被誉为网络时代的个人出版物，你是否有自己的博客？是否浏览过行业精英、职场专家、企业老总的博客？是否收藏了一些你喜欢的博客经常去浏览并且留言？

你的 QQ 除了和朋友聊天外，是否添加了不同类型的 QQ 群？不同类型的 QQ 群，可以帮助你实现学习、生活、职业发展的平衡，扩展你的人脉。

不同类型的论坛更是五花八门，看帖、发帖、跟帖已经成为很多人的习惯，把你的疑问发出来，很多人会帮你出主意。不同的观点交汇，但学会选择很重要。

网络时代几乎无所不能的就是网络搜索了。键入要了解的内容或关键词，几秒钟就有成千上万个选项供你查阅。

2. 实践活动

事实证明，缺少经验使得应届毕业生难以找到工作。制作过个人简历、参加过招聘会的同学可能深有感触，雇主比较看重经验。传统的观点认为学生应该把主要经历放在学习上或者

打高分上，很多学生也不想去提高个人竞争力，因为他们认为找到好工作主要靠的是"关系"，而不是好的规划和竞争能力。大学生个人成长中的有些能力是无法在课堂上培养的，只有通过职场活动获得。

社会实践是大学生从校园走进职场的过渡，下面让我们看看不同的人，对大学生参与社会实践的看法：

某酒店人力资源部尹女士：酒店希望能最大可能地为实习生提供平台，但不少学生吃不了苦，不能正视打扫卫生之类的基础性工作。前几天，由于不满意酒店统一的服装，几名实习的男同学主动辞职不干了。也有学生工作迟到早退，无视酒店纪律。对此，尹女士很无奈："实习生连基础工作都做不好，酒店很难把一些重要的工作交给他们。"

大学生小张说：她进入电视台参与了节目的录制。对自身已有知识和技能的补充提高是其次，感触最深的是亲眼看到电视台整个工作流程，以及媒体人表现出来的活跃行为、思维和工作状态。甚至像给别人递送剪刀这样一个微小的动作，"剪子把儿冲对方是表示礼貌。这种看似不起眼却又能充分展示个人修养的细节，在课堂上几乎是学不到的。"

通过社会实践，大学生可以尽早了解社会，使自己的心理承受能力、人际交往能力、适应能力和创新能力得到锻炼，为今后参加工作、融入社会打下坚实的基础。社会实践分为校内社会实践和校外社会实践。

很多在校大学生还处于对社会、职业了解不清的状态，往往对自己将来从事的职业有些理想化。通过社会实践，训练自己平衡校园生活和工作需要的能力、时间管理的能力、在压力面前保持充沛的精力以及去平衡学生生活和工作责任的能力。经验的价值在于它培养了你的能力，强化了你的性格并让你从经验中获得了知识。

四、职业认知与创业

1. 创业机遇与风险同在

以为创业难于上青天而让很多人却步，因而创业是诱人的，又让有些涉世不深的人忽略了创业的艰辛和其中饱含的高度智慧。其实，创业过程中机遇与风险同在，特别是国家出台了一系列政策鼓励个人创业，对于高职生来说，目前创业具有更多的机遇。

（1）大学生创业的机遇

1）创业机会较多

在发达国家，很多行业都已被大企业所占领，而这些企业有较高的市场占有率和品牌知名度，创业者在该行业发展已相当困难。而在我国，许多新兴行业，大家都处于同一起跑线上，创业者之间并无太大的实力差距，这给创业者提供了诸多机会。

2）创业成本较低

世界银行最近对133个国家的调查显示，我国的创业成本为人均收入的14%，远远低于东南亚地区的56.8%的平均水平；劳动力价格远远低于发达国家，月平均工资仅为121美元，而美国的月平均工资为2 500美元，是我国的20多倍。

3）政府在政策和项目方面鼓励大学生自主创业

近年来，为解决大学生就业难题，鼓励大学生自主创业，国家出台了一系列配套措施，各省市也推出了一系列配套措施，内容涉及开业、融资、税收和培训等方面。各地方更是对创业大学生的创业项目、办公场所、人员雇用、工商税务等方面制订了更加细致的政策。大学生创业在政策上已经取得了先机。

4）就业观念有很大改变

目前，大学生的就业观念已悄然改变，逐渐从"为别人打工"的就业模式转变为"为自己打工"的创业模式。学校也在积极探索大学生就业的新路径，引导大学生梳理新的就业观念和创业意识，提供创业素质教育及创业扶持与帮助。

(2) 大学生创业的风险

1）创业初期

与其他时间的风险相比，创业风险发生的链条长。从项目选择、资金筹措、团队组建、产品生产到市场开拓以及事业发展壮大等，战线长、变数大，人和每一个环节都有可能存在风险。而成功的创业者是有计划地冒风险。精明的创业者让其团队人员共同分担风险。这就要求创业人才在创业的过程中要学会规避风险、转移风险、补偿风险、抑制风险、预测风险和管理风险。

2）政策执行

对于创业者而言，有好的政策还远远不够。因为在社会实践中，政策的执行往往才是最关键的。同时由于各地经济发展的不均衡，政策在各地执行的力度也往往存在着很大的差异性。因此，创业者仅仅熟悉政策还不够，还要将企业的发展规划与各地的实际情况结合起来考虑，要提前规避政策执行层面上的风险。

3）经验与能力

相对于知识层面而言，创业者往往缺乏的是社会经验以及应对社会各类问题的能力。目前高职院校的创业教育大部分还只限于知识层面上，缺乏全真环境下的生存技能教育。因此，创业者在实际创业过程中"学生气"很重，这种社会经验的缺乏会使创业者的公司面临更多的生存危机和风险。

2. 目前大学生创业现状

全国高校学生信息咨询与就业指导中心针对全国近万名大学生的调查数据显示，大学生中有强烈的创业意愿的占25.93%，有过创业意愿的占53.02%，反映出大学生普遍有创业的意愿。在什么时间创业的问题上，被调查者选择工作一段时间创业的占52.8%，选择只要有创业意愿随时可以进行创业的占23.8%，选择毕业时创业的占13%，选择在校期间创业的占10%。调查还显示，3/4以上的学生希望学校开展创业教育，认为创业教育非常必要和有必要的分别占31.96%和44.01%，两者占75.97%，认为可有可无占15.10%，认为无必要的只占2.85%。这一数据表明，随着国家促进高校毕业生就业的一系列优惠政策的出台，毕业生的就业观念已经有了一定的改变。

在严峻的就业形势下，有创业想法的大学生不断增多。在社会新增就业岗位满足不了新增大学生需求的今天，鼓励大学生通过创业实现就业，可以在一定程度上缓解紧张的就业形势。

五、职业认知实训

1. 实训项目：职业体验

(1) 实训目的

帮助学生对与自身相匹配的职业领域有一定的了解，并初步体验一下作为一名职场人的感受。

(2) 实训内容

利用假期进行一次职业体验。根据你所学专业和自我分析选择一份工作,并将你所了解到的职业信息、你所观察、思考的问题及你的活动记录下来。

(3) 实训场地

(4) 考核方式

完成一份职业体验报告。要求有具体的时间、地点、工作内容、工作标准化一天等具体内容。

【知识导读】

有实习才有饭碗

袁岳:我在大学生在学校的 8 项修炼中,把实习放在了头一位。一个大学生考试不及格不代表就没有考试以外的其他能力,而对于职场来说不实习的大学生基本上就等于是个废物。对于今天的大学生来说实习尤其重要。

对于大部分大学生来说,最佳的实习时机可以在假期,那是比较长的实习时间,也可以选择在平时的同城周末或兼职实习机会。每一次实习尽量选择不同单位、不同岗位、不同行业、不同地区甚至不同国家,充分借助于实习扩大接触面与体验多种不同的职业机会,也因此使得自己的人脉关系类型多样化。通常我们看到的情况是,实习具有显著的累积效应:开始的时候连单位的门也摸不到,但是第二次实习能明显地在第一次实习的经验教训的基础上做得更好,到第三次第四次实习的时候就显得非常成熟老练,而这个时候在实习过程中被单位留下或者为单位盛情邀请担当相关职位的几率也大大提升。通常,实习过的同学在岗位上的适应时间很短,试用期通过率高,新员工晋升机会大,跳槽周期也显著加长,个人职业信用高,培养机会的获得能力非常强。即使没有全职工作经验,实习是不可多得的模拟工作经验。简单地说,实习是就业竞争中的最强经验依据。而那些在实习中非常有心,认真积累,积极反思,寻求自我突破的同学,往往会让那些人力资源主管另眼相看,给予特别的机会。所以,实习吧,各类大学的同学们,不管你学校多么有名或者没名,你的专业多么吃香或者冰冷,你的爱好多么广泛或者狭窄,你的考试成绩多么好还是糟,请开始实习吧。因为那些东西都离真实的职业很远,而最近的桥梁是你自己可以建造的,那就是实习。最后,我要特别呼吁大家的是:实习,请从大一就开始;实习,即使你是博士生也不例外。

【任务小结】

通过这一部分内容的学习,我们明确了职业认知对我们的重要意义,对职业有了一定的认知。清楚了解职业认知的内容,掌握了的职业认知的途径和方法。对我们所处的客观环境有了较为清晰地认识。

任务二 生涯决策

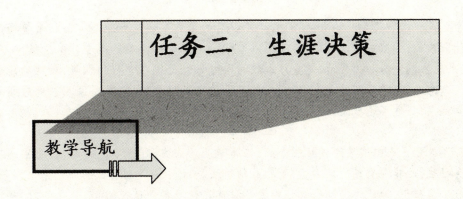

教	知识重点	职业决策的方法与策略
	知识难点	结合自身实际,运用科学方法进行职业决策
	推荐教学方式	课堂案例与生涯训练为主,双线并行
	教学场所	多媒体教室或实训室
	建议学时	4学时
学	必须掌握的理论知识	了解职业生涯决策的基本概念、常见职业发展决策的类型,引导学生创业的理念
	必须掌握的工作技能	职业目标与生涯行动方案的制订
	能力训练	掌握职业决策的方法与策略,能够运用职业决策的方法与策略进行职业决策
	考核方式	考核方式采取过程性考核与终结性考核相结合的方式。最终成绩=平时成绩×30%+职业生涯规划书×40%+生涯发展路径与行动方案×30%

【单元寄语】

人生是一连串选择和决策的过程:从你早上起来要穿哪一套衣服出门开始,你就在选择;中午要去哪里吃饭,你又在选择;交往中你选择朋友,恋爱时你选择伴侣,工作前你选择职业,等等。约翰·坎贝尔曾指出:"正是你在生活中每个环节的选择和决策塑造了你的人生,决定了你的成败。"

大学生如何选择职业?选择怎样的职业?这一系列问题不仅关系到其个人的发展,甚至影响到国家的人才发展战略。本章将就职业生涯决策的影响因素、相关的职业生涯决策模型及理论、决策模型在职业生涯发展过程中的应用、如何科学的进行职业选择等内容进行相关阐述,从而使大学生能够深入剖析自身个性因素、家庭因素,结合社会职业需求,给自己未来的职业发展作出准确定位,科学地作出自己的职业生涯决策。

 案例导入

●李也是一名即将毕业的女生,面对毕业以后的路非常迷茫。她是一个非常普通的大学生。没什么头衔,学习成绩也一般,没有获过奖学金。她的家人希望她专升本继续学习,提高学历,将来能找到更好的工作,但她觉得本科的学习好像是现在学习的翻版,对她的能力提升并没有什么意义,也学不到更多有用的知识,而且依照她现在的情况,要投入很长时间的学习去准备考试,把握也不是很大,如果考不上,可能会错过好多找工作的机会。现在,她不知该如何决定。

●孙洋就读于哈尔滨某院校护理专业,临近毕业了,她遇到了一个大麻烦:北京的一家医院来选实习生,她非常兴奋地报名了,她的最初想法,抓住这个机会到首都北京去闯一闯,北京相比哈尔滨来说,她认为发展的机会要更多。就在她准备面试前,向家长告知时,却遭到父母的强烈反对。父母认为在北京发展太难了,优秀的人很多,竞争压力会很大,想要出人头地,太难!同时,相比哈尔滨来说,护士工资高不了多少,但是衣食住行的消费水平却高出了一大截。在哈尔滨多好,没那些竞争压力,消费水平低许多,生活压力也不是很大,更重要的是离家近,爸妈又都在身边,为什么非得到那里吃苦受罪呢?听了父母的劝说,孙洋也开始犹豫了起来,不知该如何是好了。

【问题】

以上这两个案例真实地反映了即将毕业的同学将要面临的两难境地,当你们毕业时,同样也将要经历这些,那么你们会做出怎样的选择呢?

 练习:

1. 你毕业后比较向往的城市是哪个?
2. 你为什么会选择这个城市?请说明理由?

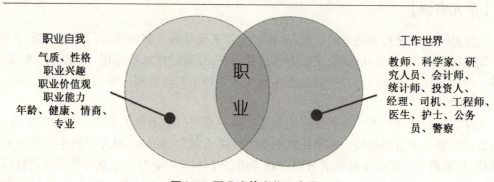

图 2.1　职业决策定位示意图

一、职业生涯决策的概念与意义

1. 职业生涯决策的概念

（1）职业生涯决策的概念

职业生涯决策也被称为生涯决策（career decision-making），在我国学者们将本概念直接翻译为职业决策。Singh 和 Greenhaus 等人认为职业决策是个体一生中必然要面临的重要决策，是指个体对自己将要从事的职业作出的选择，是按照劳动力市场上的需要，对现存的职业进行比较、选择其最适合自己所具有的职业劳动力就职条件，实现自己劳动能力与劳动岗位相匹配的形式。在《教育大辞典》中职业决策被定义为：人们根据自身特点和社会需求作出合理的职业方向抉择过程，内容包括个人的价值探讨和澄清、关于自我和环境的使用、谋划和决定过程。

（2）职业生涯决策的三层含义

职业生涯决策是职业目标、方向确定并实现的过程。要了解职业生涯决策，就要充分理解它所包含的三层含义。

①职业生涯决策是人生的一种决策。它是个人针对自己的个性因素对工作岗位类别进行选择和确定，是人生的一种重大选择。它是人们从自然人转变为职业人的关键环节，也是人成为社会活动主体、实现人生价值的开端。

②职业生涯决策是个人因素与职业因素优化统一的过程。不同的人有不同的职业目标，不同的社会岗位将对不同的劳动者进行选拔。这就要求我们在作出职业生涯决策时，必须考虑到自己的性格、兴趣、气质、技能和价值观等相关信息，同时必须面临职业、教育和休闲的各种选择。这样才能在综合自我信息和职业信息的基础上，利用职业生涯知识与技能，对自身个性因素和职业因素进行优化统一，制订出有效的个人职业生涯发展决策。

③职业生涯决策是个人向客观现实妥协的过程，也是个人对"我与职业"关系的调适过程。每个人都有自己的职业理想，然而理想和现实之间往往存在差距，我们在做选择的时候，必然要在职业理想和客观现实之间做出一定的妥协，在理想和现实之间进行科学合理的分析与调适，真正解决好"我与职业"的关系，让自己高度认同自己的职业选择，也让自己的职业选择为自身的将来搭建发展的平台。

2. 职业生涯决策的意义

若把人的生命比喻为 100 厘米长的红线，其中工作要占将近一半。可见工作的选择对于未来职业的选择多么重要，它的选择将会影响您的半生甚至是一生。选择正确，可能人生将一帆风顺，充满阳光；选择错误，则可能弯路连连，损失多多。生活的现实也表明，大多选错职业的人都无法取得最终的成功。

职业决策的正确与否无论对劳动者个人，企业，还是社会，都十分重要。概括地说，职业决策的重大意义在于以下几个方面：

①良好的职业生涯决策有助于理性地去选择未来的职业和工作岗位。

②良好的职业生涯决策有利于个人和职业的双向优化配置。在制订职业生涯决策时，人职匹配是关键。人们选择职业，同时职业也在选择人。

③良好的职业生涯决策有利于把握机遇。因为机遇往往稍纵即逝，一旦错过，终身遗憾。所以在进行职业生涯决策的时候要迅速、科学、实际地选择。

④良好的职业生涯决策有利于促进人的发展。职业决策的过程固然辛苦，但通过职业生

涯决策却可以使决策者树立积极的人生态度,培训自身的主动自发精神,积极分析就业形势。

总之,科学理性的职业生涯决策,能从多方面促进一个人的成长和发展。

二、常见职业发展决策的类型

人们在职业发展过程中,经常会作出决策,这些决策将影响我们今后的职业发展,下面列出九种职业发展决策类型,对照一下自己,看看自己是什么类型。

1. 宿命型

一切都由命运掌握,跟随社会的发展即可,走到哪里就到哪里,事情会自然而然地发生,让外部环境决定吧。

2. 直觉型

从内心深处感觉是这样的,就这样决定了,跟着感觉走,相信自己的直觉。

3. 挣扎型

在众多选择中,我该怎么办呀,这社会太复杂,目标太多,无法选择,在各种选择中不能自拔,或前怕狼后怕虎,既想实现远大的理想,又不敢面对现实的无奈。

4. 麻木型

混日子,不愿作出选择,对外部世界的变化失去敏感,麻木不仁。每天都在一种无职业意识的状态中度过,不愿为自己的职业发展多动脑子。

5. 冲动型

不经过策划和准备,很少对未来进行理性的思考和分析,头脑一热,按自己的第一个想法决策。

6. 拖延型

事情总会解决的,现在不用关心,不用谋划,船到桥头自然直,车到山前必有路,到时自然会有解决的办法,不愿对自己承诺,也不会承诺。

7. 顺从型

依附于组织或其他人,你说怎么办就怎么办,我是革命一块砖,你说往哪儿搬就往哪儿搬吧,让组织或其他人为自己做决定,按照别人的思路发展自己。

8. 紊乱型

也认真分析过自己和外部职业社会,但职业方向在发展过程中,不断变化和调整,没有真正确定过到底要做什么,一会儿东一会儿西,朝三暮四,自己把自己搞迷惘了。

9. 控制型

认真分析自己和外部职业环境,综合考虑各方面因素,果断自信地决定自己的职业定位与职业方向,敢于自我承诺、自我挑战,有计划、有策略、有控制地发展自己的职业生涯,合理动态地管理自己的职业发展。

☺ **练习:判断你的决策风格。**

1. 想一想,写出你最近一段时间5个大的或小的决定:

(1)_____

(2)_____

(3)_____

(4)_____
(5)_____
2. 请思考你在上面的决定。分别描述出决策过程;采用了哪种决策方式;有没有遇到难以决策的地方,你是如何处理的。
3. 你最常用的决策方式_____。你最少采用的决策方式_____。
4. 今后你希望采用哪种决策方式_____。
5. 写出一件在难以决策的情况下,决策效果比较理想的事件;回忆一下当时的决策过程。成功的关键之处。
6. 写出一件比较懊丧的决策,反思一下当时决策的失误之处。

三、职业决策的方法与策略

1. 职业生涯决策的原则

任何决策都必须遵循一定的规律,符合特定的原则。否则规划就会流于荒谬,理想只能成为空想。职业生涯决策作为人生的重大决策,更要遵循特定的准则,体现其本身的特点。具体说来,职业决策要遵循以下几个原则。

(1)客观性原则

进行职业决策时,要充分考虑个人的素质条件,社会需求的可能性,作出基于现实的选择。

(2)主动性原则

进行职业决策时,要积极准备,主动出击。要积极搜集各种职业知识和用人信息,准备好求职信,做好应聘、面试的心理与形象等方面的准备。也可到职业介绍机构进行咨询,了解就业情况,寻找合适的就业机会;参加各种职业技能培训,为就业创造专业、职业素质条件。

(3)比较性原则

大学生要积极进行岗位间、职业间的比较分析,看看岗位对自身的要求和自身对岗位的适应能力是否协调一致,各个职业发展方案哪个更适合自己等。在比较分析时,可以积极地求得老师、家人、朋友的帮助,一起分析比对,尽量减小决策误差。同时在对不同职业的比较中,要有职业生涯规划意识,要有自己的人生大目标,把职业作为实现自己最大价值的手段。

(4)分清主次原则

选择职业标准要分清主次,职业需求条件要分清主次,哪些条件是现实的、哪些是幻想的;哪些条件是合理的、哪些条件是过分的;职业决策要抓住主要的、现实的、合理的条件,否则面面俱到很可能丧失很多就业机会而难于实现就业,甚至错过真正的好职业。

(5)符合社会需求原则

社会需求不断演化着,旧的需求不断消失,同时新的需求不断产生。昨天的抢手货今天可能就会变得无人问津,生活处于不断地变异之中。决策自己的职业,一定要分析社会需求,择世之所需,否则,只会自食其果。

(6)选择你最感兴趣的职业

兴趣是人格中最重要的部分,也是人职匹配的依据。在进行职业决策的过程中,每个人都要充分考虑自己的人格特性、工作价值观、兴趣爱好。从事一项你自己喜欢的工作,工作本身就能给你一种满足感,你的职业生涯也会从此变得妙趣横生。

（7）选择最能发挥你特长的职业

任何职业都要求从业者掌握一定的技能，具备一定的能力条件。而一个人不可能将所有技能都全部掌握。所以在进行职业决策的时候，一定要尽力选择最能发挥你特长的职业，即择己所长。

（8）遵循利益最大化原则

职业对一个人来说，是一种谋生的手段和获得幸福的途径。因此在进行职业决策的时候，决策者要考虑自己将来的预期收益。理性而明智的人都会权衡利弊以利益最大化为原则，从一个社会人的角度出发，在一个个人发展、社会声望、收入的等变量组成的函数中找到最大值。

【知识导读】

凡事不要自我设限

有人曾经做过这样一个实验：他往一个玻璃杯里放进一只跳蚤，发现跳蚤立即轻易地跳了出来。再重复几遍，结果还是一样。根据测试，跳蚤跳的高度一般可达它身体的400倍左右。接下来实验者再次把这只跳蚤放进杯子里，不过这次是立即同时在杯上加一个玻璃盖，"嘣"的一声，跳蚤重重地撞在玻璃盖上。跳蚤十分困惑，但是它不会停下来，因为跳蚤的生活方式就是"跳"。一次次被撞，跳蚤开始变得聪明起来了，它开始根据盖子的高度来调整自己跳的高度。过一阵子以后呢，发现这只跳蚤再也没有撞击到这个盖子，而是在盖子下面自由地跳动。一天后，实验者开始把这个盖子轻轻拿掉了，它还是在原来的这个高度继续地跳。三天以后，他发现这只跳蚤还在那里跳。一周以后发现，这只可怜的跳蚤还在这个玻璃杯里不停地跳着，其实它已经无法跳出这个玻璃杯了。

生活中，是否有许多人也在过着这样的"跳蚤人生"？年轻时意气风发，屡屡去尝试成功，但是往往事与愿违，屡屡失败。几次失败以后，他们便开始不是抱怨这个世界的不公平，就是怀疑自己的能力，他们不是千方百计去追求成功，而是一再地降低成功的标准，即使原有的一切限制已取消。就像刚才的"玻璃盖"虽然被取掉，但他们早已经被撞怕了，或者已习惯了，不再跳上新的高度了。人们往往因为害怕去追求成功，而甘愿忍受失败者的生活。

人有些时候也是这样。很多人不敢去追求成功，不是追求不到成功，而是因为他们的心里面也默认了一个"高度"，这个高度常常暗示自己的潜意识：成功是不可能的，这是没有办法做到的。

2. 科学的职业生涯决策模型

职业决策是一个复杂的认知过程，为了更好地完成职业决策过程，美国职业生涯理论家里尔登（Reardon）等人在认知信息加工理论（CIP）中提出了CASVE决策模型。该模型认为一个良好的决策需要经历五个步骤：C（沟通）、A（分析）、S（综合）、V（评估）和E（执行）。

（1）沟通

沟通，包括内部和外部的信息交流，通过交流使个体意识到理想和现实之间存在的巨大差距。内部的信息交流，是指个体自身的身心状态，比如在毕业找工作的时候，你可能在情绪上会感受到焦虑、抑郁、受挫等情绪，在躯体上会有疲倦、头疼、消化不良等反应，这些情绪和身体状态都是一些提醒你需要进行内部交流沟通的信号。外部的信息交流，是指外界的一些对你产生影响的信息，比如宿舍同学开始准备简历就是给你提供了一种外部信息，你也需要开始准备找工作了；又如在求职过程中，父母、老师、朋友给你提供的各种建议。通过内部和外部沟

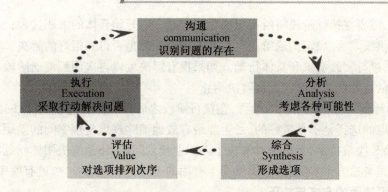

图 2.2　决策过程模型——CASVE 循环

通,你意识到自己需要解决某些问题,这样的交流对开始生涯选择十分重要。沟通阶段需要回答的最基本的问题是:此刻我正在思考并感觉到自己的职业选择是什么?

(2)分析

分析,是通过思考、观察和研究,对兴趣、能力、价值观和人格等自我知识以及各种环境知识进行分析,从而更好地理解现存状态和理想状态之间的差距。在分析阶段主要运用的是认识自我和认识职业环境中提到的方法。

在分析阶段需要对两方面的知识进行了解。首先是自我知识,包含了兴趣,我喜欢做什么?做什么事情的时候我最能投入?做什么事情能让我得到享受?能力,我擅长做什么?什么事情是我能做得比别人好的?我都掌握了哪些专业知识?价值观,我看重什么?我这辈子希望达到的目标是什么?我希望工作可以带给我什么?人格,我是内向的还是外向的?我关注宏观抽象的事物还是具体细节?我倾向理性思考还是感性体验?我习惯于有条不紊还是随机应变?

其次是环境知识,每一个选择处于什么样的环境?会带来什么样的生活?需要付出什么努力?

(3)综合

综合,是根据分析所得出的信息,先把选择范围扩展开来,然后再逐步缩小,最终确定 3～5 个最可能的选项。这个先扩大后缩小的过程非常重要。通过分析阶段,我们对自我的各方面都有了很多了解,每一个方面都分别对应着很多职业,把这些职业都列出来,就会得到一个范围很广的选择列表;然后选取其中的交集,就得出了缩小的职业选择范围;然后,把最可能从事的职业限定三至五个。最后,可以问自己"假如我有这三至五个选择,是否可以解决问题,消除现实和理想状态的差距?如果可以,就进入评估阶段选出最适合的选择,如果还是不能解决问题就需要重新回到分析阶段了解更多信息。"

(4)评估

评估,对于综合阶段得出的三至五个职业进行具体的评价,评估获得该职业的可能性,以及这个选择对自身及他人的影响,从而进行排序。比如,可以问:对我个人而言什么是最好的?对我生活中的重要他人而言什么是最好的?大体上,对我所处的环境而言什么是最好的?还可以通过生涯平衡单和 SWOT 分析等方法进行评估。

(5)执行

执行,是整个 CASVE 的最后一部分,前面的步骤只是确定了最适合的职业,还不能带来职业选择的成功,需要在执行阶段将所有想法付诸实践,如:开始具体的求职过程;也为再一次回到沟通阶段提供线索,以确定沟通阶段所存在的职业问题是否得到很好的解决。在执行阶段,需要制订计划,进行实践尝试和具体行动。如果没有解决可以再次回到沟通阶段,重新开始一次 CASVE 循环,直到职业生涯问题被解决为止。

CASVE 循环是一个不断重复的过程,在执行阶段之后,职业生涯决策者又回到沟通阶段,以确定已经选取的选择是不是最好的,是否能最有效地消除理想与现实间的差距。

最后 CASVE 决策技术,无论是对解决个人职业规划问题,还是解决团体问题都非常有用。用系统的方法思考这五个步骤,能够提供一个有用的工具,使你成为一个更有效率的人。

3. 职业生涯决策的方法与技巧

(1)SWOT 分析法

1)SWOT 分析法含义

"SWOT"分析也称为自我诊断法,20 世纪 80 年代初由美国旧金山大学的管理学教授韦里克提出,是一种能够客观而准确地分析和研究个体现实情况的方法。"SWOT"其实是由优势(Strengths)、劣势(Weaknesses)、机会(Opportunities)和威胁(Threats)四个英文单词的首写字母组成。其中 S、W 是内部因素,O、T 是外部因素。"SWOT"分析是检查个人的能力、喜好和职业机会的有效工具。通过分析,个人很容易觉察自己的优点和弱点,发现存在的问题,找出解决办法,明确以后的发展方向。

表 2.2　个体职业决策的 SWOT 矩阵

	优势	劣势
内部因素	指的是个体可控并可利用的内在因素: 1. 工作经验 2. 教育背景 3. 丰富的专业知识和技能 4. 特定的可转移技巧(如沟通、职业道德、团队合作、领导能力等) 5. 人格特征(如职业道德、自我约束、承受工作压力的能力、创造性、乐观等) 6. 广泛的个人关系网 7. 在专业组织中的影响力	指的是个体可控并努力改善的内在消极因素: 1. 缺乏工作经验 2. 学习成绩一般或较差 3. 缺乏目标,且对自我的认识不足 4. 较差的能力、人际交往能力、沟通能力和团队合作能力 5. 较差的寻找工作的能力 6. 负面的人格特征(如职业道德较差、缺乏自律、缺少工作动机、害羞、性格暴躁等)
	机会	威胁
外部因素	指的是个体可控但可以利用的外部积极因素: 1. 就业机会增加 2. 专业领域急需的人才 3. 专业晋升的机会 4. 职业道路选择带来的独特机会 5. 地理位置的优势 6. 强大的关系网络	指的是个体可控但可以使其弱化的外部消极因素: 1. 就业机会减少 2. 由同专业的大学毕业生带来的竞争 3. 具有丰富技能、经验、知识的竞争者 4. 名校毕业的竞争者 5. 专业领域发展有限

2)SWOT 分析法步骤

在运用 SWOT 分析法对职业生涯机会进行评估时,应遵循以下步骤。

①评估自己的优势和弱势。

②为了评估自己的优点和不足,可以做一个表格,列出喜欢做的事和优势,同时列出自己不喜欢做的事和缺点。

③找出外部的机会和威胁。机会分析主要包括对社会环境的分析认知、行业环境的分析认知、人际关系的分析认知,等等。

④构造 SWOT 矩阵。在对自己的优势和劣势,以及周围职业环境存在的发展机会与外在威胁因素分析的基础上,构建个人 SWOT 矩阵,对我们做出正确的职业生涯规划会有很大的帮助。

⑤制订行动策略。在进行内外部因素分析和构造个人 SWOT 矩阵之后,接下来就是运用系统分析法将优势、劣势、机会和威胁四项因素相互匹配起来加以排列组合,制订出适合自己的策略。这些策略包括以下几种:

a. 劣势和威胁因素组合而成的 WT 策略:劣势和威胁就是对自身发展不利的因素,将二者组合起来综合考虑,目的是使这些因素都趋于最小。比如自身工作经验不足,在与同专业的大学毕业生竞争时处于不利地位,那就有必要在以后多参加社会实践活动,多积累经验。

b. 劣势和机会因素组合而成的 WO 策略:将二者组合起来考虑目的是尽量将自身劣势的不利因素降低到最低,将机会的作用发挥到最大水平。比如你所在的学校在全国来说无法与那些名牌大学相比,这使得你在教育背景上处于劣势,但是学校没有名气并不代表你的能力不行,如果你的专业素质和实践技能足够硬的话,面试官也会对你刮目相看的。

c. 优势和威胁因素组合而成的 ST 策略:将二者结合起来目的是尽量发挥个人的优势,减少外界环境威胁因素对自己职业发展的负面影响。例如,全球金融危机的爆发使得就业机会减少,但是并不是说现实就业的可能性为零,这种情况下,如果你拥有广泛的关系网络就可以较为轻松地找到理想的工作。

d. 优势和机会因素组合而成的 SO 策略:将二者组合起来考虑目的是尽量使这两种因素的作用最大化。比如,你比较擅长计算机编程,今后可以继续强化这一优势,增强这方面的竞争实力。

😊 练习:SWOT 分析可选择的职业策略。

WT 策略:考虑弱点和威胁因素,努力使这些因素都趋于最小;我的 WT 策略是:
_____

WO 策略:考虑弱点和机会因素,努力使弱点趋于最小、机会趋于最大;我的 WO 策略是:
_____

ST 策略:考虑优点和威胁因素,努力使威胁趋于最小、优点趋于最大;我的 ST 策略是:
_____

SO 策略:考虑优点和机会因素,努力使这些因素都趋于最大;我的 SO 策略是:
_____

(2)"5W 法"

1)"5W 法"的含义

"5W 法"是一种归零思考,依托的是归零式的模式,从某种意义上说,回答完这五个问题,也就基本上完成了职业决策和职业规划。

2)"5W 法"的基本步骤

①"你是谁?"(Who are you?) 自己进行一次深刻地反思,比较清醒地认识自己的优点和缺点,并一一列出来。回答的要点是:面对自己,真实地写出每一个想到的答案;写完了再想想有没有遗漏,认为确实没有了,按重要性进行排序。比如:黑龙江大学应届毕业生良好,担任过学生会宣传干事,父母都是普通的工人,身体健康,心理较正常,性格较外向,情绪较乐观,好奇心较强,学习能力不错,喜欢唱歌,有时会幻想,现在有女朋友了,是老乡,他们想到同一个城市工作。

②"你想干什么?"(What you want?) 检查自己职业发展的心理趋向。每个人在不同阶段的兴趣和目标并不完全一致,有时甚至是完全对立的。但随着年龄和经历的增长而逐渐固定,并最终锁定自己的终身理想。可将思绪回溯到孩童时代,从人生初次萌生第一个想干什么的念头开始,然后随年龄的增长,回忆自己真心向往过想干的事,并一一记录下来,写完后再想想有无遗漏,确实没有了,就进行认真的排序。比如:小时候,唱歌比赛连连得奖,想过当歌唱家;上初中了,数学学习相当出色,想过当数学家、统计学家;宣传管理能力强,想过做公务员,到宣传部工作不错,希望和女朋友结婚,拥有属于自己的舒适的住房,每天开着自己的汽车去工作,有条件了,想在附近再买一套房子让父母过来住,帮助我们照顾家。

③"你能干什么?"(What can you do?) 全面总结自己能力与潜力。一个人职业的定位最根本的还要归结于他的能力,而他职业发展空间的大小则取决于自己的潜力。个人潜力的了解应该从对事的兴趣、做事的韧力、临事的判断力以及知识结构是否全面、是否及时更新等方面去认识。把确实证明的能力和自认为还可以开发出来的潜能都一一列出来,认为没有遗漏了,就进行认真的排序。比如:做编辑做得很好、唱起歌来很有魅力、宣传板报做得也是非常好。

④"环境支持或允许你干什么?"(What can support you?) 环境支持,客观方面包括本地的经济发展、人事政策、企业制度、职业空间等各种状态;主观方面包括同事关系、领导态度、亲戚关系等,要综合这两方面的因素来看。有时我们在职业选择时常常忽视主观方面的东西,没有将一切有利于自己发展的因素调动起来,从而影响了自己的职业切入点。而在国外通过同事、熟人的引进找到工作是最正常也是最容易的。在这些环境中,认真想想自己可能获得什么支持和允许,再以重要性排列一下。比如:曾经实习报社的王老师很看好我希望我去应聘一家 IT 公司企业文化宣传助理,我生活的县城中学招聘校长助理,家里舅舅帮我做了推荐等等。

⑤"你最终的职业目标是什么"(What you can be in the end?) 明晰了前面四个问题,就会从各个问题中找到对实现有关职业目标有利和不利的条件,列出不利条件最少的、自己想做而且又能够做的职业目标,那么自然就有了一个清楚明了的框架。最后将自我职业生涯计划列出来,建立形成个人发展计划书档案,通过系统地学习、培训,实现就业理想目标:选择一个什么样的单位,预测自我在单位内的职务提升步骤,个人如何从低到高逐级而上;预测工作范围的变化情况,不同工作对自己的要求及应对措施;预测可能出现的竞争,如何相处与应对,分析自我提高的可靠途径;预测发展过程中出现偏差,如果工作不适应或被解聘,如何改变职业方向。

☺ **练习:归零思考自训。**

请根据归零思考模式,将下列内容填写完成,并初步得出自己的职业目标与职业规划。

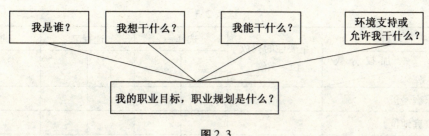

图 2.3

(3)生涯决策平衡单法

1)生涯决策平衡单的基本概念

生涯决策平衡单是帮助决策者使用表单的形式,系统地分析每一个可能的选项,判断分别执行各选项的利弊得失,然后依据其在利弊得失上的加权计分排定各个选项的优先顺序,以执行最优先或偏好的选项。

2)生涯决策平衡单法的基本步骤

①确定你的职业决策考虑因素,如做销售、办公室工作、专升本三个方案。

②把三个方案填入平衡单的选择项目中。

③在第一栏职业决策考虑要素中,根据对你而言职业选择的重要性和迫切性,赋予它权数,加权范围1~5倍,填写权数一栏。权数越大说明你越重视该要素。

④打分。根据每个方案中的要素进行打分,优势为得分,缺点为减分,计分范围为1~10。

⑤计算方法。将每一项的得分和失分乘以权数,得到加权后的得分或失分,分别计算出总和,最后加权后的得分总和减去加权后的失分总和得出"得失差数",并以此分数来做出最后的决定,即比较三个选择方案的得失差数,得分越大,该职业方案越适合你。

表 2.3 生涯决策平衡单样表

选择项目 加权分数 考虑因素	重要性的权数 (1~5倍)	选择一		选择二		选择三	
		+	-	+	-	+	-
个人物质方面的得失 1.收入							
2.工作的难易程度							
3.升迁的机会							
4.工作环境的安全							
5.休闲时间							
6.生活变化							
7.对健康的影响							
8.就业机会							
其他……							

续表2.3

选择项目 加权分数 考虑因素		重要性的权数 (1～5倍)	选择一		选择二		选择三	
			+	-	+	-	+	-
他人物质方面的得失	1. 家庭经济							
	2. 家庭地位							
	3. 与家人相处的时间							
	其他……							
个人精神方面的得失	1. 生活方式的改变							
	2. 成就感							
	3. 自我实现的程度							
	4. 兴趣的满足							
	5. 挑战性							
	6. 社会声望的提高							
	其他……							
他人精神方面的得失	1. 父母							
	2. 师长							
	3. 配偶							
	其他……							
加权后合计								
加权后得失差数								

【案例解析】

小敏的生涯决策平衡单

基本情况：小敏，女，某高职院校师范专业二年级的学生，性格外向，开朗活泼，喜欢与人交往，口头表达能力很强，是学院学生会干部，组织能力强。还有一年就要毕业了，她考虑自己的实际情况后，确定了三个发展方向：小学教师、行政助理、专升本继续深造。以下是她的具体想法：

1. 小学教师

小敏认为这个职业是她专业对口的职业，存在着最大的专业优势，工作也比较稳定，但目前社会需求量并不大。

2. 行政助理

小敏认为这个职业符合自己的性格、兴趣的需要，同时她也利用暑期和课余时间兼职做过一些行政类的工作，她认为可以利用自己的专业来帮助自己更好地做好行政工作。

3. 专升本继续深造

小敏的父母都是高校的老师，他们希望小敏能够再继续深造，以后到大学任相关专业的教辅人员。但小敏认为虽然高校工作稳定,收入也高,但她不喜欢本专业的教学工作,且专升本也有一定的困难。

下面是小敏利用生涯决策平衡单作出的职业决策结果。

表 2.4 职业决策结果汇总

考虑因素	选择项目 加权分数	重要性的权数 (1~5 倍)	小学教师 +	小学教师 −	行政助理 +	行政助理 −	专升本深造 +	专升本深造 −
个人物质方面的得失	1. 符合自己的理想生活方式	5		3	9			5
	2. 适合自己的处境	4	8		9		7	
	3. 有较高的社会地位	3	5			3	9	
	4. 工作比较稳定	5	9			9	9	
	5.							
他人物质方面的得失	1. 优厚的经济报酬	4	5		8		9	
	2. 足够的社会资源	5	8		7		9	
	3.							
	4.							
	5.							
个人精神方面的得失	1. 适合自己的能力	4	8		9		7	
	2. 适合自己的兴趣	5	5		9			8
	3. 适合自己的价值观	5	6		8		5	
	4. 适合自己的个性	4	7		9		6	
	5. 未来发展空间	5		3	8		9	
	6. 就业机会	4	3		8			
	7.							
他人精神方面的得失	1. 符合家人的期望	2	6		5			
	2. 与家人相处的时间	3	7		4		9	
	3.							
	4.							
	5.							
加权后合计			312	30	399	54	384	65
加权后得失差数			282		345		319	

小敏通过生涯决策平衡单的决策之后,她的决策方案的得分分别是:行政助理>专升本深造>小学教师,综合平衡之后,行政助理较为符合小敏的职业生涯目标。在进行职业选择时,小敏最为看重的职业是:是否符合自己的兴趣、职业价值观、职业是否有发展空间、是否是自己的理想生活的需要等几个方面。

四、生涯决策与创业

许多人都曾一度闪过创业的念头,但实际付诸行动的却不是很多,原因是创业要面对的不确定因素,实在太多了。创业是自己做老板,和打工必然不同,而最大的不同就在于打工的时候,有人会指挥你该做什么,自己创业,就要自己做决策了。那么对于没有任何创业经验的大学生创业者,应该怎样进行创业生涯决策呢?以下简要分析一下大学生创业决策必须考虑的几个方面。

1. 大学生创业的优势

与其他创业者相比较,大学生创业群体明显具有以下优势。

(1)思维活跃悟性高

因为具有较高文化水平,对事物较有领悟力,许多东西一点即通,经过更多的思维训练,能够不断产生新颖的主意和点子。

(2)自主学习能力强

对于经营企业所必须掌握的知识,例如法律法规、事务流程,能够通过自主学习掌握。

(3)接受新事物快

对新鲜事物的兴趣更高、更容易接受,甚至能够引领潮流,在创业决策中能够不拘泥于条条框框,迅速行动。

(4)IT技术娴熟

能够熟练利用计算机各项功能平台,解决各类工作事务,能够通过互联网推介自己的企业,搜寻和获取大量企业经营资源和信息,工作效率高。

(5)精力旺盛

年轻是最大的资本,身体和精神状态都处于人生最佳阶段,有足够的精力和激情去应对创业路上的劳累和困难。

(6)经济负担较小

没有成家的大学生创业无家庭负担,而且很多时候能够获得父母或家庭成员的资金、人力支持。

2. 大学生创业的可行性

目前,大学生创业所面临的条件优越,大学生要充分利用这些条件,为自己打开创业局面,顺利进入创业角色奠定基础。

(1)政策条件

为支持大学生创业,我国出台了许多优惠政策,涉及融资、开业、税收、创业培训、创业指导等诸多方面。

(2)家庭条件

家庭是创业者早期接受启蒙教育和健康成长的摇篮。每个创业者的家庭条件都因人而异,无论家庭条件好一些还是家庭条件差一些,对创业者来说都是有可以利用的有利因素。

(3)人际关系

人际关系对于创业者来说也十分重要。尤其是在当前市场经济条件下,搞好人际关系,对创业者顺利完成创业活动将起到积极的促进作用。作为创业者要学会充分利用和调动这些有利因素,使其能最大限度地为创业活动提供援助。

（4）自身素质条件

创业者自身的素质条件决定了创业活动性质和经营范围，也决定了创业最终能否获得成功。

3. 大学生创业面临的困境

（1）心态

拥有良好的心态，尤其是对创业风险具有清醒的认识，并充分拥有应对风险的心理准备，是创业成功的必要条件。在缺乏良好心态的情况下，创业前景会受到相应不利影响。创业失败的例子提醒大学生，只有先拥有一个实事求是的良好创业心态，才能提高创业成功几率。

（2）资金

资金问题一直是困扰大学生自主创业的难点和重点，不管项目的市场前景有多好，赢利率有多高，得不到最基本的资金支持，都只能是无水之鱼，无本之木。

（3）环境

虽然我国出台了一系列鼓励大学生自主创业的优惠政策，但大学生创业之路仍然十分艰难，除了创业者本身条件的限制之外，更多的是缺乏一个宽松和谐的创业环境。目前，我国还没有形成像美国硅谷那样敢于冒险、宽容失败的创业氛围，还是比较倾向于稳定和保守。在资金支持、政府政策、政府项目、创业教育与培训、商务环境等各个方面，还需要进一步完善和健全。另外，传统观念的阻碍也是创业环境不成熟的一种表现。父母都希望孩子找一份工资高、地位稳定可靠的工作，要么去政府部门、事业单位，要么去大公司。选择自主创业就是选择了风险，往往会被周围的人所误解，认为大学生个人能力有问题，找不到工作，所以才去创业的。这些观念无疑会束缚大学生的创业热情。

（4）经验

大学生长期以来接受的是应试教育，接触的是书本知识，不熟悉商场上的"游戏规则"，尽管在技术上出类拔萃，但在理财、营销、沟通、管理等方面的能力普遍不足。要想创业获得成功，创业者必须技术、经营两手抓。

（5）压力

社会环境、家庭环境也是制约大学生自主创业的一大因素。我国只是一个新兴的发展中国家，没有西方发达成熟的市场环境，各项政策、措施、法纪、服务都还没能跟上市场的要求。商场如战场，这样的市场环境，对年轻学生创业来说，确实非常不利。另外家庭因素也不容忽视，一些家庭对学生创业的不理解和不宽容，打压了年轻人的创业热情。

五、职业生涯目标、路径的确立与行动方案的制订

1. 职业生涯目标的设立

曾有研究机构做过一个实验：组织了三组人，让他们分别向10公里以外的3个村子步行。

第一组的人不知道村庄的名字，也不知道路程有多远，只告诉他们跟着向导走就是。刚走了两三公里就有人叫苦，走了一半时有人几乎愤怒了，越往后走他们的情绪越低落。

第二组的人知道村庄的名字和路程，但路边没有里程碑，他们只能凭经验估计行程时间和距离。走到一半的时候，大多数人就想知道他们已经走了多远，比较有经验的人说："大概走了一半的路程"。于是大家又簇拥着向前走，当走到全程的四分之三时，大家情绪低落，觉得疲惫不堪，而路程似乎还很长，当有人说："快到了！"大家又振作起来加快了步伐。

第三组的人不仅知道村子的名字、路程,而且公路上每一公里就有一块里程碑。人们边走边看里程碑,每缩短一公里大家便有一小阵的快乐。行程中他们情绪一直很高涨,很快就到达了目的地。

这个故事给我们的启示是当人们的行动有明确的目标,并且把自己的行动与目标不断加以对照,清楚地知道自己的行进速度与目标的距离时,行动的动机就会得到维持和加强,人就会自觉地克服一切困难,努力达到目标。

所以,在职业生涯规划的初期,我们只有制订了明确的目标以后,才能沿着已经设定的目标不断前进。

(1)职业生涯目标的分解

1984年,在东京国际马拉松邀请赛中,名不见经传的日本选手山田本一,出人意料地夺得了世界冠军。两年后,山田本一代表日本参加比赛又获得了冠军,人们都觉得很奇怪。10年后,这个谜终于被解开了。山田本一在他的自传中这么说:"每次比赛之前,我都要乘车把比赛的线路仔细地看一遍,并把沿途比较醒目的标志画下来,比如第一个标志是银行,第二个标志是一棵大树,第三个标志是一座红房子,这样一直画到赛程的终点。开始后,我就奋力地向第一个目标冲去,等到达后又以同样的速度向第二个目标冲去。整个赛程,就被我分解成这么几个小目标轻松地跑完了。起初,我并不懂这样做的道理,我把我的目标锁定在赛程的终点线上,结果我跑到十几公里时就疲惫不堪了,我被前面那段遥远的路给吓倒了。"

给我们的启示是马拉松全程是一个很大的目标,本来是很不容易实现的,可是山田本一把这个大的目标分解成为一个一个小的目标以后,在实现大目标的道路上先实现一个一个地小目标,最终实现了自己的大目标。

对于我们年轻人来说,有很多人也有自己的目标,可是在实现目标的道路上却总是觉得目标很遥远,无法达到。实际上,很多时候目标不是遥不可及,而是由于我们没有进行目标分解。目标分解的方法主要有以下几方面。

1)按性质分解:可分为外职业生涯目标和内职业生涯目标

外职业生涯是指从事职业时的工作单位、工作内容、工作地点、工作职务、工作环境、工资待遇等因素的综合及其变化过程。因此,外职业生涯目标侧重于职业过程的外在标记,主要包括:职务目标、工作内容目标、经济收入目标、工作环境目标、工作地点目标等。

内职业生涯目标侧重于在职业生涯过程中的知识、经验的积累,观念、能力的提高和内心感受,主要包括:工作能力目标、工作成果目标、提高心理素质目标、观念目标等。

外职业生涯的构成因素通常是别人给予的,也容易被别人收回,内职业生涯各项因素要靠自己的努力才能实现,内职业生涯的发展是外职业生涯发展的前提。因此,我们要充分重视内职业生涯的发展,认清它在个人职业生涯乃至人生发展中的关键作用。就大学生而言,应努力提升自身能力,挖掘自身潜能,提高自己的综合素质。

2)按时间分解:可分为最终目标、长期目标、中期目标和短期目标

最终目标取决于一个人的价值观、知识能力水平,是对环境、组织、自身条件、家庭条件做最大量分析之后得到的结果,是规划者的总目标。目标的期限体现着一个人的心理成熟程度。找到最终目标是在确定职业锚之后,平均年龄是40岁。要区分最终目标与阶段目标。最终目标可以几十年为期限,长期目标一般以5年至10年为期限,中期目标以3年至5年为期限,短期目标则为一两年,而近期目标则短至几个月。

(2)职业生涯目标的探索方法

在每个人心目中,会有各种职业梦想,如果不去考虑任何客观条件的制约,想一想自己的职业梦想是什么?

1)名片探索法

静下心来认真想一想自己的将来与别人会面时,递给别人的名片是什么样?接着找一张纸,自己设计它。包括正面、反面、颜色、图标及称呼和职务。然后给别人讲你为什么这么设计?怎样努力才能达到目前的称呼和职务?反思一下,自己达到以上目的具备什么优势?可行性有多大?有什么困难?

2)"六步游戏"法

以下是国外学者经过反复探讨而得到的一个寻找人生目标的逐步突出法,现在就让我们通过做这个"六步游戏"来找到自己的人生目标。

游戏道具:4~5张小纸片。

环境要求:安静舒适。

情绪状态:精神饱满,情绪激昂,思维活跃。

提醒:在考虑目标时,尽量全面,避免仅从一个方面考虑,如仅考虑事业,还要有家庭、人际、业余生活等方面。

第一步:寻找终生目标。

拿出一张纸片,写下第一个问题:我终生的目标是什么?然后用2分钟写下答案,要无拘无束,想的是什么就写下什么。再花2分钟进行必要的修改。

如果你不好直接确立你的人生目标,你可以回想一下你童年、少年时的梦想,或者那些最令你开心的事。以此作为启发,再写下你的答案。

实例扫描:事业成功、家庭幸福、快乐……

也许你写下的目标比较广泛,那也没有关系,还有第2步呢。

第二步:思考如何度过今后三年。

请在第二张纸片上,写下第二个问题:"我该怎样度过今后三年?"用2分钟尽快写下答案,再用2分钟把忽视的项目补充进去。

在第二张纸片上,所写的东西要较之第一张纸片要具体。这里的具体即是指所做的工作要具体。如第一张纸上你若写了过幸福的生活,那么在这一张纸上你就得将之分解为较为具体细致的目标。

实例扫描:拥有一份满意的工作,进入管理阶层;经济收入比刚工作时翻一倍;向女朋友求婚;将母亲接到自己身边;和好朋友经常保持联系……

第三步:半年内最重要的事。

请在第三张纸上写下第三问:我在这半年内都应该做哪些事?哪些工作对我是最重要的、最迫切的。这张纸片所列的内容,应该比第二张纸更具体、细致、全面,是自己需要也是能够立刻做的。

实例扫描:联系实习单位去实习;帮助女友补习功课;经常给母亲打电话;和朋友保持联系……

第四步:浏览前三步。

浏览一下前三步答案,你应该发现,第二步的答案就是第一步答案的延伸,第三步的答案则是前两步答案的继续。如果你的三步答案不具备这种逻辑,就需要重新来做,务必使这些答案符合事物的发展逻辑。

第五步:目标分类。

请把3张纸片都拿起来,把上面的目标分别归类,如分为事业目标、爱好特长目标、能力目标、婚恋目标、社会友情目标、身心素质目标、读书目标等。

实例扫描:

事业目标:功成名就、进入管理层、联系实习单位。

婚姻目标:幸福、向女友求婚、帮女友补习功课……

第六步:确立不同时期的目标。

请按类别关系,将三张纸片上的目标按同类关系,以及同性质的关系连成一条线,就成了你的短期、中期、长期的目标了。

实例扫描(以事业目标为例):联系实习单位——进入管理阶层——功成名就

然后,结合自己的个人情况,根据短期目标制订切实可行的月计划、周计划、日计划。每一级计划的指定都应该是服务于上一级计划的,比如,制订周计划是为了完成月计划,制订日计划是为了完成周计划。当短期目标实现后再向下一个目标突进。

这种"目标逐步突出法",最好在新年开始或你的生日进行。在开始新的一年或新的一岁时,寻找一下自己人生奋斗的方向,该是非常有意义的庆贺方式。

2. 职业生涯发展路径的设计

(1) 职业生涯发展路径的概念

职业生涯发展路径是指职业人沿着自己的职业目标方向,制订自己的职业发展行进的路线,它具体地描述了一个职业人的职业生涯发展轨迹。职业目标不同决定了职业发展路径的不同,同一个职业目标具体的发展路径也会有较大差异。假如把护士长作为职业目标,职业路径可以设计为:大专毕业→实习护士→见习护士→护理骨干→病区护士长,也可以设计为:专升本→大学本科学习→实习护士→见习护士→护理骨干→病区护士长。

(2) 职业生涯发展路径的设置

职业发展路径的设置没有统一的标准,需要依据相应行业、职业、企业的实际情况,主要应从四个方面去考虑:

①该企业设有哪些岗位,根据这些岗位的工作特点,来设置生涯发展路径。这是职业发展路径设置的最简洁的方法,只有在了解企业的岗位设置以及每个岗位的特点之后,才能根据经验和专业判断,制订出科学的生涯发展路径。

②该岗位的重要程度。在对一个企业的岗位进行初步归类之后,还需要考虑各类岗位对于企业的相对重要程度,一般而言,如果某类岗位是实现企业阶段战略目标的关键类别岗位,就应该单设一条生涯发展路径,反之,如果某类岗位的重要程度不高,则可以与其他类似的岗位类别放在一起设置生涯发展路径,增强职业发展路径的针对性,降低职业发展成本。同时还需要分析重要岗位的每个层级员工的基本情况,包括学历、职称、工作年限、知识技能、业绩、能力水平等方面,并进行提炼归纳,以便为设置具体路径奠定基础。

③该岗位数量的多少。在考虑上述两个方面并给出初步的归类之后,还需要比较一下各类岗位数量的多少,是否足以设置一条生涯发展路径。现实情况是某些岗位具有独特的工作特点,而且相对企业的重要性也比较高,有可能岗位数量非常少,在这种情况下,不宜单设一条

生涯发展路径。

(3) 职业生涯发展路径的分类

从目前的职业生涯发展理论来看,职业生涯发展路径依据职业目标的差异可以区分为以下几个分类。

①技术类的生涯发展路径。以护理专业为例,以专业技术目标为主设计的生涯发展路径可以设计为:护士→护师→主管护师→副主任护师→主任护师。

②管理类的生涯发展路。以护理专业为例,以管理方向为目标的职业生涯发展路径可以设计为:护士→病区护士长→科室护士长→护理部副主任→护理部主任。

③科研类的生涯发展路径。以科研发展为目标的生涯发展路径可以设计为:专升本→护士→骨干护士→护理专家(或护理教师)。

④创业类的生涯发展路径。以护理专业为例,以自主创业为目标的职业生涯发展路径可以设计为:护士→骨干护士→病区护士长(或护理专家)→离职自主创业。

3. 生涯行动方案的制订

大学生生涯目标规划制订好之后,下一步的关键是根据这一规划制订配套的实施方案,并依据实施方案来行动。如果说目标是结果,那么实施方案就是过程,是根据目标所制订的为了达到目标而必须采取的行动措施。

实施方案必须具体,可以分为年度实施方案、月实施方案、周实施方案和日实施方案。周计划则以日为单位来计划,即每天要完成多少事;日计划则必须以小时来计划,从而指导自己一天之中,什么时间应该干什么。

(1) 大学三年的行动方案

大学三年的整体规划是根据你的毕业动向总目标制订的行动方案,它可以按照年度为单位来制订行动计划。大学三年行动方案见表 2.5。

表 2.5 学业规划表

实施时间		知识方面		能力方面		素养方面		实践方面	
		目标	方案	目标	方案	目标	方案	目标	方案
第一学年	上学期								
	下学期								
第二学年	上学期								
	下学期								
第三学年	上学期								
	下学期								

作为在校的大学生,制订大学三年的目标实施方案是最重要的一件事情,同学们在制订时,应该把大学三年的最终目标,分解成一个个阶段性目标,相应的制订出一个个阶段性实施方案。这样的话,只要坚持实施这些阶段性方案,完成这些阶段性目标,你大学三年的生涯目标就一定能实现。

(2) 年度(或学期)行动计划

年度(或学期)计划是为了完成年度任务而制订的配套实施方案,年度计划从宏观上规定你一年要做的事,也可以以总体或每月要干什么来做计划,见表2.6。

表2.6 年度(学期)规划表

实施时间	知识方面		能力方面		素养方面		实践方面	
	目标	方案	目标	方案	目标	方案	目标	方案
1月								
2月								
3月								
4月								
5月								
6月								
7月								
8月								
9月								
10月								
11月								
12月								

(3)月行动计划

月度计划围绕月度目标来制订,它应以每周为单位来制订,以每周要干什么来计划,四周完成则月度计划完成。这些计划都包括对要做的工作、应完成的任务、质和量的方面的要求,等等,见表2.7。

表2.7 月行动计划表

实施时间	知识方面		能力方面		素养方面		实践方面	
	目标	方案	目标	方案	目标	方案	目标	方案
第一周								
第二周								
第三周								
第四周								

(4)周行动计划

周行动计划围绕周目标来制订,应以每天的行动方案为单位来制订,即每天要完成多少事,见表2.8。

表2.8 周行动计划表

实施时间	知识方面		能力方面		素养方面		实践方面	
	目标	方案	目标	方案	目标	方案	目标	方案
星期一								
星期二								
星期三								
星期四								
星期五								
星期六								
星期天								

(5) 日行动计划

日行动计划是计划中最细小的单位,它围绕每天的目标来制订,一般计划到每小时的工作安排,非常具体。每天晚上进行当日总结和考虑明天的计划,但特别提醒的是,大学生同时也要给年轻的自己留出足够的休息和休闲时间,见表2.9。

表2.9 日行动计划表

实施时间	知识方面		能力方面		素养方面		实践方面	
	目标	方案	目标	方案	目标	方案	目标	方案
6:00—7:00								
7:00—8:00								
8:00—12:00								
12:00—14:00								
14:00—17:00								
17:00—18:00								
18:00—19:00								
19:00—21:00								
21:00—22:00								
22:00—6:00								

总之,有了科学合理的大学期间职业生涯规划和与之配套的实施方案,就必须根据该方案严格实行,才能使自己的生涯规划目标向着既定的目标迈进。

4. 生涯规划实施方案的评估与修正

在制订实施方案时,我们还必须了解到:生涯规划是一个动态变化的过程,规划方案的超前性包含了方案实施过程中的诸多不确定因素。影响职业生涯规划的因素有很多,有的因素是可以预测的,而有的因素则是难以预测的。在此情况下,要使生涯规划实施方案行之有效,就需要不断地对职业生涯规划进行评估与修正。

(1) 生涯规划评估

生涯规划评估主要是对各阶段预定目标和实际结果之间的差距进行分析,找出差距产生的原因。任何一个行动计划在实施之后都可能出现这样几种情况:第一,目标基本完成;第二,目标轻松完成;第三,目标不能完成。基本完成说明目标设定合理、实施方案合适,行动适当;目标轻松完成说明目标设定太低;目标不能完成则可能有以下原因:目标设定太高;目标合适但行动方案不吻合;目标和行动方案都配套,但行动力不够等。

(2) 生涯规划方案的修正

1) 生涯目标实施方案修正的目的

通过评估和修正,应该达到下列目的。

①决定放弃或者坚持自己的目标,并进行必要的调整。

②明确影响实施效果的关键因素,对实施方案的合理性加以认识。

③对需要改进之处制订调整计划,以确定修订后的实施方案能帮自己达成生涯目标。

2) 生涯目标实施方案修正的内容

以上问题的答案将作为修正新的职业生涯规划的参考依据,对职业生涯与发展规划进行修正的内容包括:

①生涯目标的重新选择。

②生涯发展路线的重新确定。

③阶段性生涯目标的重新确定。

④生涯发展目标的调整。

⑤生涯目标实施方案的变更等。

3) 修正行动计划

实施生涯规划时,必须为日后可能的计划修改预留余地,修正的依据是每次评估后反馈回来的信息。至于计划修正的时机,必须考虑下列四点。

①以周、月或学期为单位,定期检查预定目标的达成进度及取得的效果。

②每一阶段目标达成之时,要依据实际效果,修订未来阶段目标可采用的策略。

③主观因素、客观环境改变影响到计划的执行。

④有效的生涯设计还要不断地反省修正,反省策略方案是否恰当,能否适应环境的改变。

4) 修正应考虑的因素

①环境因素。包括社会环境、政治环境、经济环境、科技环境、自然环境、法律环境等。从宏观层面认识到职业生涯发展的局限和可能,个人只能适应而不可改变。

②组织因素。包括组织规模、组织结构、组织文化、组织发展状况、人力资源规划、人力资源管理系统类型、晋升政策、人际关系等一切与职业生涯发展有关的组织因素。要改变组织因素非常困难,应该尽量到最适合自己发展的组织中工作。

③年龄、性别、学历、工作经历、家庭背景、人格,等等。一方面你要正确认识自己,另一方面要不断完善自己。组织和个人只能适应第一因素,正确认识和分析第二、第三因素,寻求个人发展和组织发展的最佳匹配。总之,生涯目标实施方案的评估和修正可以按以下模式进行,见下表。

阶段目标	
实施结果	
存在的差距	
差距产生的原因	
修正措施	

【案例解析】

马艳丽——及时意识到转行的重要性

马艳丽被誉为中国第一名模,因为她是中国第一届国际模特大赛的冠军/中国第一位"十大名模"评比的冠军/中国第一家模特经纪公司的首席签约模特/中国模特界的第一位青联委员/中国模特创建时装品牌第一人/中国模特界成功举办个人专场时装发布会第一人……

马艳丽出生于河南省周口市郸城县一个普通的农民家庭。少年时马艳丽是个赛艇运动员,曾拿过1991年河南省赛艇比赛冠军。但毕竟运动员是碗"青春饭",更何况她只是个省冠军,并不是什么明星运动员。她想到了转行,当时只是想到只要能转一行今后能养活自己及自己喜欢的行业就行了。1994年,一个偶然的机会马艳丽走上了上海的T型台。此后,她的模特事业蒸蒸日上,获得了难以计数的荣誉和好评——一切看上去简单而顺利。然而,这个在如梦如幻的T台上焕发绚丽光彩的美丽女子,却在大红大紫之时淡出T型舞台,转向幕后,创建Maryma Design时尚女装品牌,成为该品牌的董事长及创始人。当她再度出场,则已经是在衣香鬓影之后,牵着模特的手绽开如花笑靥谢幕的服装设计师马艳丽,这时的她显得更加光彩照人。

这一次的转行亦同上次一样,模特是碗"青春饭",唯一与上次不同的是,这一行是她自己非常喜欢的,这一行让她蜚声国际。但即使拥有多大的名气,岁月是不允许她一辈子都站在T字台上。她是聪明的,选择及时转向幕后,创立品牌,与自己喜欢的时装行业续写情缘。她的忧患意识让她的职业不断超越,不断发展!

名模马艳丽

设计师马艳丽

马艳丽为小贝设计中国风"战袍"

六、生涯决策实训指导

1. 实训项目:创业素质训练——《实现你的梦想》

(1)实训目的

了解你的创业素质和能力。

(2)实训内容

填写如下表所示的卡片。不论你的梦想大小,只要按照这个步骤去实践,都可以实现你的目标。

表2.10 如何实现你的梦想

1	我的梦想	我想要＊＊＊……………	把梦想填在左侧空格里	备注
2	开口说	我要告诉＊＊＊…………	要把你的梦想告诉别人	
3	问对人	我要去问＊＊＊…………	问已经取得这项成功的人	
4	问什么	我的问题是 (1)…… (2)……	明确问最重要的环节、步骤	
5	问到底	我要问为什么呢?结果怎样?怎么做的?……	问清每一个环节和细节,构想,结果	
6	先付出	我要为他先做点什么?……	要先为你要问的人创造价值	
7	后行动	今天就开始做……	制订策略,马上行动	
8	预期结果	在一周之内一定要实现	最好给自己一个时间表	

(3)实训场地

实训室或教室。

(4)考核方式

以小组为单位进行随机汇报,并按上述内容收取相关表格。

【任务小结】

本部分内容是职业生涯规划的核心内容,是在自我认知与职业认知的基础上进行职业方向抉择,并制订行动方案的阶段。主要通过有效的策略与方法,评估大学生未来职业抉择的风险与机会,并通过对比分析本专业的客观情况,明确大学生自身存在差距,进行正确的职业选择,制订科学的生涯发展规划。

任务三　生涯管理

教	知识重点	大学生职业生涯管理的内容
	知识难点	职业生涯管理的方法与策略
	推荐教学方式	课堂案例与生涯训练为主，双线并行
	教学场所	多媒体教室或实训室
	建议学时	4学时
学	必须掌握的理论知识	了解大学期间职业生涯管理的内容，把握生涯管理的原则
	必须掌握的工作技能	建立职业生涯管理档案
	能力训练	能够掌握职业生涯管理的方法与策略，能够运用生涯管理的方法与策略进行学业生涯管理
	考核方式	考核方式采取过程性考核与终结性考核相结合的方式。最终成绩=平时成绩×30%＋职业生涯规划书×40%＋生涯发展路径与行动方案×30%

【单元寄语】

生涯大师赫塞曾说：生命究竟有没有意义并非是我的责任，但如何规划我的人生却是我的责任。大学生在迈入社会，走向职场的很重要的一步是做好职业生涯管理。做好职业生涯管理能够在一定程度上避免"就业错位"，使学与用更加紧密结合，使得大学生的人才效益、社会效益得以彰显。所以，要想成功就必须规划生涯、经营人生，要加强职业生涯管理，只有做好大学生职业生涯规划管理，才能保证职业生涯目标的实现，最终实现个人的职业成功以及家庭、事业和社会的和谐发展。

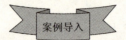

●李某是一名大二的男生,旅游管理专业,对他而言,大学生活是紧张无序的。进入大学快两年的时间,他的生活是丰富的,参加了三个社团,并担任了职务;他还是学生会的宣传委员,每次举办活动都由他出海报,他有很多朋友,时常约他一起出去玩。另外,他还在校外找了一份兼职,每星期周六、周日晚要去上班。刚开始时,他还觉得挺充实,总有事可以干,不怕没事闲得发慌。可时间一长,他发现有些不对劲,他根本就没有真正属于自己的时间了,有时候好不容易完成了手头的工作,刚想轻松一下或干些别的重要的事,结果突然一个电话就会把他的计划打乱。例如,他周六上午想去自习室看看书,一出门不巧遇见朋友来找,说谁谁今天请大家出去 happy,盛情之下他只好放下书包跟着前去,结果大半天又搭了进去。其实,有不少重要的事情等着他去做呢!他学的是旅游管理专业,这方面的很多专业书他都想读读,可就是没有时间,他经常是把书从图书馆借了出来还没来得及读就已到期该还了。而且,他一直打算提高自己的学历,本想早点着手准备,可一直没能真正开始。眼前的事情太多了,让他顾不上将来的事,他觉得有些乱,仿佛不是他去做事,而是事逼着他去做。这学期专业课特别多,再过一个多月又要期末考试了,他真不知道自己会考成什么样子。

【问题】

这个案例反映了一位大学生的真实生活,他的现实经历与烦恼我想你也可能存在着,看了这个案例,你有什么体会?李某的烦恼该怎么解决呢?

 练习:你将如何进行你的生涯管理?请列出你的计划。

_____

_____

一、职业生涯管理的概念与意义

1.职业生涯管理的概念

(1)职业生涯管理概念

职业生涯管理是发挥潜能、实现目标的过程,而大学生职业生涯管理是指大学生通过大学职业指导人员的协助,在自我认识和了解社会的基础上,确立职业生涯发展目标和人生发展方向,选择实现既定目标的职业,制订自我发展的总体目标和阶段人生目标,并进行执行、评估、反馈和调整的动态过程。

(2)职业生涯管理的特征

1)管理过程的连续性

大学生职业生涯规划管理的连续性体现在整个大学各个阶段,分阶段、分任务逐级完成。其管理过程应从大学生一跨进校门开始,是个长期的系统的过程,应用整体的眼光规划与管理好整个大学时期,为毕业时成功就业奠定基础。

2)管理内容的多样性

大学生职业生涯规划管理在具体内容、形式、方法等方面是丰富多彩的,体现出多样性的特点。其具体内容包括目标管理、健康管理、时间管理、压力管理等多方面。

3）管理措施的可行性

大学生职业生涯规划管理要有事实依据，要充分考虑到自身的条件和外在环境的约束，制订切合实际的生涯计划。这就需要大学生加强自我认知能力，对自己进行全面客观地定位，并对外界条件进行仔细分析，选择适合自己并且也能够实现的职业目标，而不能只是自己个人美好的愿望或不着边际的梦想，否则将会贻误生涯良机。

4）管理阶段的适时性

大学生职业生涯规划管理要根据大学生各阶段、各学期的情况特点，合理安排实施。例如刚入学的学生处于对职业生涯目标的探索期，这一阶段应着重对学生进行职业兴趣的培养、职业个性的优化以及职业价值观的确立，从而帮助他们寻找职业生涯发展的方向；大学二年级是知识结构的建构和综合能力培养的阶段，此时大学生应在学好专业知识的同时，不断提高自己的综合能力。在大学毕业前期要引导学生树立终身学习以及创新、创业的观念，在离开正规学校系统教育后，必须通过各种途径去接受继续教育，同时进行职业心理咨询，让学生了解自身的特点，扬长避短，找到适合自己的工作岗位。

5）管理计划与方案的前瞻性

大学生今后的生涯道路和即将面对的职业世界是非常广阔的，高校作为教育教学单位应着眼于学生的充分发展和长远发展，因此，大学生职业生涯规划管理具有前瞻性的特点。

2. 职业生涯管理的意义

职业生涯管理帮助大学生找到职业生涯发展与企业发展的结合点，并积极开发与管理自己的职业生涯，以实现个人与社会组织的最佳匹配。职业生涯管理对职业生涯发展具有重要的推动作用。

（1）可以有效增强大学生职业生涯规划过程的执行能力，促进大学人才培养目标的顺利实现

（2）可以增强大学生对职业环境的把握能力和对职业困难、挫折的控制能力

（3）有利于大学生入职后过好职业生活，处理好职业生活和其他部分生活的关系

（4）可以实现个体自我价值的不断提升和超越

二、职业生涯管理的影响因素

目前，大学生职业生涯管理作为一种新型的职业生涯管理形式，在我国依然是一个新生事物，需要在实践中不断探索其发展道路，因此，在其客观发展的过程中，也就必然要受到各种因素的影响与制约，主要包括两个方面，一个是社会客观因素，一个是大学生自身的主观因素。

1. 社会原因

（1）各高校与社会组织对大学生职业生涯规划与管理重视程度存在差异

随着我国教育由精英教育向大众教育转变，就业由分配式向自主择业转变，学生人数激增，学校对学生的指导却难以深入细致；同时，高校和社会本身对职业生涯规划的认识和实行还不是很到位，所以，导致大学生职业生涯规划方面的知识欠缺、得不到有效指导。

（2）片面强调职业的经济收入的社会现象普遍存在

随着市场经济的发展，经济因素开始在大学生职业生涯规划中占据着最重要位置。人们在评价大学生就业情况时，往往以大学生从事职业经济收入的多少和地位的高低论，导致大学

生容易急功近利。

（3）某些家长存在着"出人头地"、"光宗耀祖"、"非公不选"等传统观念，仍然严重影响大学生的职业生涯规划与管理

2. 自身原因

（1）许多大学生的价值观发生很大的变化，由社会中心转向自我中心，追求享受，不愿奉献

与以往大学生比较而言，当今大学生的职业价值观趋向务实化，存在明显的实惠性和功利性心理。在市场经济不断深化的过程中，大学生职业价值观逐渐转向"经济价值型"，把对"前途"和"成才"的长远期盼转化为对工资收入、住房、职称、发展机会等具体条件的要求。择业时不同程度地存在着追求实惠和功利化倾向，在职业的选择上，大学生更注重职业的经济价值，而忽视了职业的理想价值；在职业的取向上，把择业范围定在都市或大机关、大单位；在职业的去向上，不仅要选城市、选职业、选单位，而且要讲条件、讲福利、讲待遇。

（2）许多大学生生涯规划与管理意识薄弱

生涯意识是以自我了解、自我接受、自我发展为主，从未来和发展的角度看待个体一生的发展，使大学生个体能够适应社会的变迁，了解职业变化的方向，从而规划和决定个体生涯发展的目标。选择一种有价值的生活方式，是指导大学生生涯发展的重要意识。然而，很多的大学生进入大学之后，精力没有专注在自身的发展和职业生涯规划中，或者把时间浪费在上网、玩游戏、谈情说爱上，或者把时间放在参与各种社会活动中，对于生涯规划仅是草草应对，之后也不再修正。

（3）大学生大部分缺少社会经验，缺乏规划的宽广眼界

许多同学目标缺失，没有自己的主张，跟随潮流去竞争所谓的热门行业、热门职业，没有发展方向。由于没有明确的目标追求，学习、工作缺乏动力，由于目标缺失，导致社会实践的方向不够明确。

（4）自我认识不够

新浪网、北森测评网与《中国大学生就业》杂志共同实施的"大学生职业生涯规划"问卷调查显示，仅有12%的人了解自己的个性、兴趣和能力；18%的人清楚自己职业发展面临的优势和劣势。有的大学生只看到自身的长处，自以为是，趾高气扬；有的大学生只看到自身的不足，心灰意冷，信心不足；在择业过程中，有的期望值过高，不切实际的追求超出本身能力的就职单位；有的对自己缺乏信心，在双向选择中，不是以积极态度努力去争取，而是以消极态度等待学校分配与推荐。

（5）心理承受力差

大学生择业期望值普遍过高，由于缺乏实践经验，心理准备不足，在社会为其提供的竞争机会面前就表现为胆怯和束手无策，或畏畏缩缩、羞于自荐；或小心翼翼、过于拘谨，结果是该说的没说、该谈的没谈，错过机会；或怕失掉面子，竞争伤和气，不敢凭实力与他人竞争；或感到自己成绩平平，表现不突出，觉得能力不如别人，不敢大胆应聘，积极择业。

三、职业生涯管理的原则

1. 符合社会需要的原则

大学生在进行职业生涯管理时，要把社会需要作为出发点和归宿，以社会对自己的要求为

准绳,去观察、认识问题,进而规划管理自己未来的职业生涯。虽然大学生就业实行双向选择、自主择业,但自主择业是相对的、有条件的,并非可以不顾社会需要,一味地追求"自我设计"。社会的发展,科技的进步,经济的繁荣,也都期望着合格的大学生为之去奋斗。

2. 发挥个人素质优势的原则

大学生在进行职业生涯管理时,要综合考虑自己的素质情况,根据自身的特长和优势规划与管理未来的职业生涯,以利于在未来的职业岗位上能够顺利、出色地完成本职工作。发挥个人素质优势主要包括发挥专业所长、能力所长、性格特点等因素。

3. 积极主动的原则

大学生在管理职业生涯过程中,应审时度势,绝不可以消极等待,而应主动选择,积极参与。这里所说的主动选择,主要包括以下三个方面。

(1) 主动参与职业岗位竞争

竞争机制的引入,冲击着各行各业,也冲击着人才就业市场。竞争使人们增加了紧迫感和危机感,也增加了责任感。从某种意义上说,职业岗位的竞争,就是靠才华、靠良好的素质去争得一份比较理想的职业。

(2) 主动地了解人才供求信息和规格要求

由于社会对大学生的要求在不断发生着变化,因此,主动了解用人单位对人才规格的要求和需求信息,对有的放矢地选择职业岗位有着重要意义。

(3) 主动完善自己

大学生应根据社会需要,加强学习、主动提高、完善自己,以尽快适应新的工作岗位。

4. 分清主次的原则

职业生涯发展过程中,摆在大学生面前的选择是多方面的。比如未来就业选择中,单位性质、工作地点、工作条件、生活待遇、发展方向等诸多方面,不可能每项都满足其心愿,重要的是在职业生涯管理过程中怎样权衡利弊,分清主次,做出抉择。切不可因一味求全,急功近利,好高骛远。

5. 着眼未来,面向未来的原则

大学生在管理自己的职业生涯时,不能只看眼前实惠,不看企业发展前景;不能只看暂时困难,而不看企业的未来;不能只图生活安逸,而不顾事业的追求,等等。进行职业生涯管理时,要站得高,看得远,放开视野,理清思路,把自己的命运紧紧地和祖国的命运联系在一起,找到自己的最佳位置,牢牢地把握好职业选择的主动权。

四、大学期间职业生涯管理的内容

职业生涯规划管理包含许多具体内容,它们直接影响着个人职业生涯规划的实施进程及目标的实现。结合大学生当前所处的生涯阶段,主要应解决好影响大学生职业生涯发展的健康管理、压力管理、时间管理等问题。

1. 健康管理

健康管理是指一种对个人或人群的健康危险因素进行全面管理的过程。其宗旨是调动个人及集体的积极性,有效地利用有限的资源来达到最大的健康效果。世界卫生组织在1985年提出健康应包括三个方面:身体健康、心理健康、情绪管理。概括地说健康包含两个方面的含义:一是身体方面的健康,指生理机能正常,抵抗能力强,没有或很少生病;二是心理方面的健康,指能够保持平静的情绪、敏锐的智能、适应社会环境的行为和气质。

下面就大学生职业生涯健康管理的几个方面作如下分析。

(1) 身体健康的管理

身体健康管理的主要内容包括以下几点。

①学习卫生保健的基本常识,树立自我保健意识,增强预防疾病的能力。

②认识和掌握自己的健康状况,对自己的健康状况做到心中有数。

③培养良好的生活习惯。有研究表明,人的健康长寿60%取决于个人的生活方式。健康生活习惯的养成就是对自我科学实施健康管理的过程。大学生应养成以下良好的生活习惯。第一,合理安排作息时间,按时休息和起床,形成良好的作息制度;第二,选择合适的运动项目,每天锻炼半小时,养成科学锻炼的习惯;第三,保证合理的营养供应,养成良好的饮食习惯;最后,改正或防止吸烟、酗酒、沉迷网络游戏等不良嗜好。

(2) 心理健康的管理

心理健康标准的核心是:凡对一切有益于心理健康的事件或活动作出积极反应的人,其心理便是健康的。对于大学生心理健康在每个方面的具体标准,很难包揽无遗地逐条列出,但是,大体可从三个方面加以概括:一是敬业,二是乐群,三是自我修养。大学生心理健康的管理内容主要有三方面。

1) 学习方面的心理健康

学习是当前大学生的主要活动。心理健康的学生是能够进行正常学习的,在学习中获得智力与能力,并将习得的智力与能力用于进一步的学习中。由于在学习中能充分发挥智力与能力的作用,就会产生成就感;由于成就感不断得到满足,就会产生乐学感,如此形成良性循环。

2) 人际关系方面的心理健康

人总要与他人交往并建立一定的人际关系。大学生的人际关系主要涉及师生关系和同学关系。大学生处理错综复杂的人际关系的能力直接体现了其心理健康水平。

3) 自我方面的心理健康

心理健康的人了解自己,并悦纳自己。"人贵有自知之明",心理健康的人能正确客观地认识自我,了解自己的能力、性格、需要。他们既不自卑,也不盲目自信;他们经常进行自我反思,看到自己的长处,更能容纳自己的不足,并寻求方法加以改进。心理健康的人常常能正确地认识自我、体验自我和控制自我。

 练习:心理健康状况自我测评。

评分规则:

每题答"是"记1分,回答"否"记0分。各题得分相加,统计总分。

1. 每当考试或提问时,会紧张得出汗。
2. 看见不熟悉的人会手足无措。
3. 心里紧张时,头脑会不清醒。
4. 常因处境艰难而沮丧气馁。
5. 身体经常会发抖。
6. 会因突然的声响而跳起来,全身发抖。

7. 别人做错了事,自己也会感到不安。
8. 经常做噩梦。
9. 经常有恐怖的景象浮现在眼前。
10. 经常会发生胆怯和害怕。
11. 常常会突然间出冷汗。
12. 常常稍不如意就会怒气冲冲。
13. 当被别人批评时就会暴跳如雷。
14. 别人请求帮助时,会感到不耐烦。
15. 做任何事都松松垮垮。
16. 你的脾气暴躁焦急。
17. 一点也不能宽容他人,甚至对自己的朋友也是这样。
18. 你被别人认为是个好挑剔的人。
19. 你总是会被别人误解。
20. 常常犹豫不决,下不了决心。
21. 经常把别人交办的事搞错。
22. 会因不愉快的事缠身,一直忧忧郁郁,解脱不开。
23. 有些奇怪的念头老是浮现脑海,自己虽知其无聊,却又无法摆脱。
24. 尽管四周的人在快乐地取闹,自己却觉得孤独。
25. 常常自言自语或独自发笑。
26. 总觉得父母或朋友对自己缺少爱。
27. 你的情绪级其不稳定,很善变。
28. 常有生不如死的想法或感觉。
29. 半夜里经常听到声响难以入睡。
30. 你是一个感情很容易冲动的人。

你的总分是:_____

测评结果说明:

0~6分:说明目前你的心理健康状况真的很不错;

7~16分:说明现在你的精神有些疲倦了,最好能合理安排学习、工作,劳逸结合,让神经得到松弛;

17~30分:说明你的心理健康状况目前不容乐观,有必要请心理医生(老师)或者心理咨询师给以疏导和咨询,相信你很快会从烦恼不安中走出来的。

(3)情绪的管理

许多优秀的职业人往往不是因为拥有高智商而成功,相反的,他们成功的秘诀是"情感智慧":即处理感情,人际互动和人际沟通的能力,即有较好的情绪管理能力。情绪智慧(情商)和智商不一样,它随着人生的经历不断地发展。简言之,情商是要能感知和了解情感的力量,并加以有效地运用,使它化为人类的力量和影响力。情商的产生不仅要有理性的思考,更加有感情的运用。情商首先要求我们认识并尊重源于情感的资讯和能量。情商不仅激励我们去追求个人的目标,也激发了我们内在的价值观和抱负,把我们的理想化为现实。

练习:情商检查表。

回答下列问题以了解你的态度是如何通过行为反映出来的。你可以同时让几位了解你的人来回答这些问题,把他们的回答和你的做一下比较。选择一两项你认为有必要加以改善的情商领域。

	我满意	我需要改善
1. 我总是尽最大的力量做事吗?	( )	( )
2. 我是否是乐观的?	( )	( )
3. 我是否友善和具有合作精神?	( )	( )
4. 我是否行动迅速和独立?	( )	( )
5. 我是否承担我应尽的责任(或做得更多)?	( )	( )
6. 我看起来是否自信从容?	( )	( )
7. 我是否真诚?	( )	( )
8. 人们是否尊重我的见解?	( )	( )
9. 我是否是可信任的?	( )	( )
10. 我是否举止得体、老练,能为他人着想?	( )	( )
11. 我衣着是否得体?	( )	( )
12. 我是否能先人后己,达到什么程度?	( )	( )
13. 我能接受赞扬吗?	( )	( )
14. 我能给予赞扬吗?	( )	( )
15. 我是否向别人提出建议?	( )	( )
16. 我敢于说不吗?	( )	( )
17. 我是否等待别人为我做决定?	( )	( )
18. 我是否努力去了解别人的感受?	( )	( )

2. 压力管理

(1)认识压力

压力管理就是通过了解压力的构成和自身对压力的反应,评估自己的优势因素对自身压力进行有效的疏导与调适的过程。如果能够很好地运用压力,压力就会有效地转化为发展的动力,促进你的职业生涯发展与事业成功。压力有很多种形式,它可能来自于别人或环境,也可能来自于自身。一个人在现实生活中需要同时扮演多种不同的角色,比如父母、伴侣、儿子、女儿以及老板,有时,人在社会生活中不得不面对挫折和变化,当你学习或工作达到极限时,压力就会产生。一些重大的变化,如搬家或丧失亲人,也会造成很大的压力。压力是会积累的,因此,一系列小的事件会造成压力明显增加,这一点请同学们一定不要忽视。

压力管理是现代生活的一个部分,因此,学习如何进行压力管理,并有效地运用压力管理来发展自己的职业生涯是非常重要的。为了让压力为你所用,你也许需要重新审视你对压力的反应方式,并学习对付压力的办法。

 练习:压力自我检查。

☆觉得手上课业、工作太多,无法应付。

☆觉得时间不够,所以要分秒必争。
☆觉得没有时间消遣,终日记挂着学业、工作。
☆遇到挫败很易发脾气。
☆担心别人对自己表现的评价不佳。
☆担心自己的经济状况。
☆有头疼、胃疼、背疼的毛病,难于治愈。
☆需要借烟酒、药物、零食等抑制不安的情绪。
☆需要借助安眠药去协助入睡。
☆与家人、朋友、同事的相处令你发脾气。
☆与人倾谈时,打断对方的话题。
☆上床后觉得思潮起伏,很多事情牵挂,难以入睡。

如果以上问题,大部分都是你的困扰,那同学们就得对压力管理有更进一步的认识啦!

(2)压力管理的策略和方法

几乎每个工作的人都会感到压力,无论是老板,高级管理人员,还是普通打工者。适度的压力能够激发人的成就动机,但是过高的压力则可能导致人们产生焦虑、挫折、绝望等不良情绪,许多调查表明,大多数员工感到压力过大,有的甚至出现心理问题。因此,越来越多的管理者开始重视员工的压力管理。当代大学生也普遍感受到了压力对自己的影响。因此,大学生了解压力的状况和结果,掌握一些应对压力的策略和方法十分重要。

下面介绍几种有效应对压力的方法与策略。

1)加强锻炼,重视休息

最好每天抽出固定时间进行半个小时的有氧锻炼,如散步、慢跑、游泳、骑自行车等,既能增强心肺功能,提高抵抗疾病的能力,还能有效缓解身心的压力。

2)自我激励

当感受到压力时,用下面的话来激励自己:

"我有足够的能力生活下去!"

"吸烟、酗酒和吸毒不能解决任何问题!"

"我是一个乐观主义者。我会关注生活中积极的事情。"

"担心一件事情并不能改变这件事情。这只会浪费我宝贵的时间和精力。"

"担心自己无法控制的事件是毫无意义的。"

"无论发生什么,我知道我能处理好它。"

3)积极寻求帮助与支持

寻求社会支持和帮助对改善压力有着重要作用。社会支持包括来自朋友、同学、老师和其他群体的帮助与信息提供。个体要学会成为有效的社会支持网络中的一部分,在需要时积极寻求他人的帮助,不能让自己在社会中孤立起来。

4)学会放松

选择那些使你精神振作的活动,经常参加这些活动,充分利用呼吸和放松的技巧来抵抗压力,放松训练的原理是基于身躯神经活动的规律,学会放松有助于调整机体功能,增强心理承受能力。放松的方式可以根据个人的情况去选择。

3. 时间管理

将有效的时间合理利用,将无效的时间降低到最低限度,学会分配时间,学会分清事情的轻重缓急,这些对许多职业人来说是一个极其重要的事。下面我们进行一个活动,希望通过这个活动,同学们对时间管理有一个新的认识。

 练习:时间的计算与回想。

假设人已知生命有三万天(即人的一生82.2岁)来计算,你已用去了多少天?还剩下多少天?将计算结果填入下表:

年　月　日	签名:
我的生命已用去　　　天	我的生命还余下　　　天

填完上表,请把最直接的第一感受,用简单的语言写下来,并与朋友分享。

《有效的管理者》一书的作者杜拉克说:"认识你的时间,是每个人只要肯做就能做到的,这是一个人走向成功的有效的自由之路。"

时间管理有效的方法如下。

(1)要善于集中时间

切忌平均分配时间。要把自己有限的时间集中在处理最重要的事情上,切忌不可每样工作都抓,要有勇气并机智地拒绝不必要的事、次要的事。一件事情来了,首先要问:"这件事情值不值得做?"决不可遇到事情就做,更不能因为反正做了事,没有偷懒,就心安理得。

(2)要善于把握时间

时机是时间和事物转折的关键时刻。抓住时机可以牵一发而动全局,以较小的代价取得较大的效果,促进事物的转化,推动事物向前发展。错过了时机,往往会使到手的成果付诸东流,造成"一着不慎,全局皆输"的严重后果。所以,成功人士必须善于审时度势,捕捉时机,把握"关节",恰到"火候",赢得时机。

(3)要善于处理两类时间

对于一名成功人士来说,存在着两类时间:一类是属于自己控制的时间,称作"自由时间";另一类是属于对他人他事反应的时间,不由自己支配,称作"应对时间"。两类时间都是客观存在,都是必要的,要善于处理和运用好两类时间。

(4)善于利用零散时间

时间不可能集中,往往出现很多零散时间。要珍惜并充分利用大大小小的零散时间,把零散时间,用来从事零碎的工作,从而最大限度地提高工作效率。

(5)要善于运用会议时间

召开会议是为了沟通信息、讨论问题、安排工作、协调意见、作出决定。会议时间运用得好,可以提高工作效率,节约大家的时间;运用得不好,反而会降低工作效率,浪费大家的时间。

(6)ABC分类法

将自己的工作按轻重缓急分为:A(紧急、重要)、B(次要)、C(一般)三类。安排各项工作优先顺序,粗略估计各项工作时间和占用百分比;在工作中记载实际耗用时间;每日计划时间安排与耗用时间对比,分析时间运用效率;重新调整自己的时间安排,更有效地工作。

五、创业生涯管理

对于高职院校有创业意向的大学生来说,职业生涯管理的很重要的一项内容就是了解创业与就业的关系,澄清自己为什么要创业,明确自己是否适合创业,如何才能完成我的创业目标。

1. 创业与就业的关系

创业与就业既有共同的特点,又有实质性的区别,换一句话说就是:创中有就,就中有创。二者的关系用"职业"、"事业"两个参照物加以分析就是:创业即开创事业;就业即参加工作,有了职业。

①从形式上看创业是创造岗位群,在造无数的岗位,就业是争着上岗位,抢有数的岗位。据统计,一个创业者平均能创造四个就业岗位。高职学生创业,不仅能为自己找到合适的位置,也可为他人提供岗位,因此创业实际上也是社会责任感的体现。

②从心理上看,创业的心态是主动的、甘冒破釜沉舟的风险,就业的心态是被动的,常有骑马找马的选择。创业者通常都有积极的生活态度,他们为了自己的理想而拼搏,要投入所有的时间、精力、资金,这种破釜沉舟的态度,正体现了创业者不达目的不罢休的精神,这是成就一番事业必不可少的。而就业者因没有创业的投入,所以不承担任何风险,企业无论盈亏,对于就业者工资报酬一般波动不大,所以就业者的心态常常是被动地完成工作任务,一旦有更好的岗位,或更优厚的待遇便会另谋高就,就业者就是在不断比较中寻找岗位的。

③从创业劳动收益上看,就业活动必然为就业者带来劳动报酬或经营收入,但创业者有可能因创业失败而血本无归,也可能因成功创业带来大大超过一般就业收入的风险收益。

④从能力要求上看,就业最重要的是有一技之长,能为人所用,所以,高职毕业生走向社会后,专业能力越强可利用价值越高,越容易找到就业岗位。而创业最重要的是要有大局观念,同时需要有商业意识、商业运作技能,还要"懂得多,学得快",这样才能发现机遇,才能创新模式,才能拓展人际,这些都是创业最核心的东西。

创业与就业虽然有根本区别,但也有内在的联系和相同之处。创业属于就业的范畴,因为创业与就业的低级阶段,都是谋生手段,都是为了获得劳动收入。而创业与就业的高级阶段都是成就一番事业、实现自身价值。有的高职学生选择"先就业,再择业,择业之后再创业"的做法,这个过程就又使得就业成为创业的积累和储备的过程。因此,创业与就业既有本质的区别,又有相互的关联,绝不可对立起来。

2. 你为什么要创业?

创业是一个在不断选择中抉择的过程,是成功与失败交织在一起的过程,是一个项目孕育、出生、发育、成长的漫长过程。创业的魅力何在?高职学生创业的理由可能会有很多,但是最实际和最现实的理由主要是以下几种。

(1)为获得更大的成就感

选择自由创业可以每天做自己喜欢的工作,如喜欢摄影而开照相馆,喜欢创意而开广告设计公司等。当你看到自己作品呈现出来,顾客对你的服务表示满意时,强烈的自我满足感和成就感就会油然而生。特别是这种工作和投入转化为财富时,你会获得更大的成就感。

(2)为获得独立与自主

创业者给自己的是一个成为老板或领导者的工作,而不是作为雇员追随者的工作。你可以不受别人的控制,按照自己的意志行事,创立的企业类型和企业规模取决于自己的条件和能力大小,并且能够自由发挥自己的知识、技能和才干,走自己的路,做自己愿意做的事。这是任何打工者做不到的。

(3) 为获得收入和利润的支配权

创业的主要目的之一是获得利润。这些利润是对业主努力、能力和创造力的回报。企业的税后利润归企业的所有者拥有,创业者可以控制自己的收入。如果创业者对企业付出更多的时间和努力,可能会获得更多的收入。

(4) 为获得工作的安全感

工作安全感是指能够确保持续获得就业机会及收入。自由创业的人只要企业存在就不会下岗,也不会达到一定年龄时被强制退休。

(5) 为获得社会地位

实现自身价值,获得社会地位,是人的最高需求。自由创业的人通过成功经营和参与社会活动吸引公众注意,从而获得一定的社会地位。同时在提供产品或服务的同时,为社会和他人创造更多的就业机会,这使得创业者享受到其他人无法得到的快乐和自豪。

3. 你具备创业的潜能吗?

不是所有人都适合创业,要想创业很重要的一点是明确自己是否适合创业,下面我们将通过以下的小测试帮助同学们了解一下自己创业的潜质如何。

练习:创业潜能测试。

测评说明:

①当你想要拥有一个自己的公司的时候,有必要先进行这个测试,它可以帮助你判断你自己是否适合创业?你具有多少创业者潜力?当然,这个测试结果,也是仅供参考,因为决定一个人创业能否成功要受到好多因素的制约。

②本测试根据一系列陈述句组成。请认真阅读题目,根据你的实际情况来选择最符合你的描述。

③在选择时,请根据你的第一印象来回答。不要做过多的考虑,并在符合你的情况的括号里画"√"。

序号	内容	结果
1	是否曾经为了某个理想而设下两年以上的长期计划,并且按计划进行直到完成?	
2	在学校和家庭生活中,你是否在没有师长和亲友的督促下,就自动完成分派的任务?	
3	你是否喜欢独自完成工作,并做得很好?	
4	当你与朋友在一起时,你的朋友是否常寻求你的指导和建议?你是否曾被推举为领导者?	
5	在你以往的经历里,有没有赚钱的经验?你喜欢储蓄吗?	
6	你是否能够专注地做自己感兴趣的事连续10小时以上?	
7	你是否习惯保存重要资料,并且井井有条地整理,以备需要时可以随意提取查阅?	
8	在平时生活中,你是否热衷于社会服务工作?你关心别人的需要吗?	

续表

序号	内容	结果
9	是否喜欢音乐、艺术、体育以及其他各种活动？	
10	在此之前,你是否带动其他人员,完成过一项由你领导的大型活动或任务？	
11	喜欢在竞争中生存吗？	
12	当你在别人管理下工作时,发现其管理方法不当,你是否会想出适当的管理方式并建议改进？	
13	当你需要别人的帮助时,是否能充满自信地提出要求,并且能说服别人来帮助你？	
14	在你筹款或者义卖时,是不是充满自信而不害羞？	
15	当你要完成一项重要工作时,是否总是给自己留出足够的时间仔细完成,而绝不让时间虚度,在匆忙中草率完成？	
16	你参加重要聚会时,你是否会准时赴约？	
17	是否有能力安排一个恰当的环境,使你在工作中能不受干扰,有效地专心工作？	
18	你交往的朋友中,是否有许多有成就、有智慧、有眼光、有远见、老成稳重型的人？	
19	你在学习或团体中,被认为是受欢迎的人吗？	
20	你自认是理财高手吗？	
21	你是否可以为了赚钱而牺牲自己的娱乐？	
22	是否总是独自挑起责任的担子,彻底了解工作目标并认真地执行工作？	
23	在工作中,是否有足够的信心和耐力？	
24	能否在很短的时间内,结交许多新朋友？	
	总分填入右格中	

④评分标准,答"是"得1分;答"否"不得分,统计所得分数。

⑤测评结果分析：

0~5分,目前不适合创业,应当训练自己为别人工作,并学习技术和专业。

6~10分,需要在别人指导下去创业,才会有成功的机会。

11~15分,适合自己创业,但必须在所有"否"的答案中,分析出自己的问题并加以纠正改进。

16~20分,非常适合创业,足以使你从小事开始,并从妥善处理中获得经验,成为成功的创业者。

21~24分,有无限潜能,只要把握时机和运气,可能将是未来的商业巨子。

总之,对于所有高职院校的学生来说,不管是创业,还是就业,都应该树立创业意识。因为如今的任何工作,都是需要创造力的。即使是先就业,也应"以创业的心态去就业",怀揣着创业的梦想去就业。因为创业就是所有的事情都要从头干起,基层工作是创业的必经阶段,有这种心态就业的学生才会是有心人,在工作中会注意培养踏实能吃苦的品质,珍惜自己的岗位,注重在实践中积累各种经验,今后无论你是否创业,都会因为你基层工作的踏实肯干、用心积累,使能力得到很大提升,进而做成一番事业。

六、生涯管理实训

1. 实训项目：建立职业生涯管理评估档案

（1）实训目的

通过建立职业生涯管理评估档案，使学生澄清大学以来的生涯规划现状，对自己的生涯规划和计划实施过程，有了一个较系统的回顾与分析，并且思考一下：你的职业生涯规划是否切实可行呢？你今后的努力方向、行动措施是否合理可取呢？

（2）实训内容

请完成下面职业生涯管理自我评估档案，这个档案有利于澄清我们大学以来的生涯规划现状，或许以前由于种种原因，你没有时间仔细为自己做过职业生涯规划，现在，请你选择在安静、没人打扰的环境下仔细考虑，回答以下每一道题目，它能在一定程度上帮助你反思生涯规划过程，论证你的生涯规划的合理性，理顺自己职业生涯发展的思路。下面我们就开始建立自己的生涯评估档案吧。要建立职业生涯管理评估档案，具体填写见下表。

大学生职业生涯管理评估档案

学院：_____

专业：_____

学号：_____

姓名：_____

　　　年　　月　至　　　年　　月

第一部分　个人愿望

	毕业后做什么行业？	
	进入这个行业需要具备的能力	你已经具备的相应能力及程度（1~5 逐渐增强）
1.		
2.		
3.		
4.		
5.		
	职位或目标是什么？	
	需要具备的素质有哪些？	已经具备的相应素质及程度（1~5 逐渐增强）
1.		
2.		
3.		
4.		
5.		
	计划完成时间	

个人愿望追踪

若不能填写上表中的具体要求,可采取的方法有:
1、向长辈、老师请教;2、向生涯人物咨询;3、查阅资料

准备请教的问题:	回答内容:
查阅的资料:	资料提供的答案:

请根据以上活动再回到上页填写相关内容,本页可根据实际情况附加多页

第二部分　差距分析及方法确定

需要培养的能力与素质	训练的具体方法
1.	
2.	
3.	
调整的内容	
1.	
2.	
3.	

此表根据年度评估调整节奏和内容。

第三部分　短期目标

1. 根据自己确立的训练方法设立短期目标(1年内)

能力类	素质类

此表根据每年需要,请及时添加,根据定期评估调整内容。

2. 根据自己确立的训练方法设立短期目标(1月内),要求比上表降低,下月要求逐步提高。内容描述越具体越好。

能力类	素质类

此表根据每月添加一张,为实现一年计划服务。

第四部分　短期目标的计划与跟踪

针对其中一条的实施计划,应做到如下几点:

每周或每月总结:

此表针对每一项内容制订,需要多页

第五部分　成果评估

1. 短期成果评估

短期目标完成情况:

完成心得(总结经验):

不足与思考:

2. 中长期成果评估

中长期目标完成情况:

完成心得(总结经验):

不足与思考:

(3)实训场地

课下自选。

(4) 考核方式

完成上述各表并完成评估报告,字数在2000字左右。

【案例解析】

阿诺德·施瓦辛格之职业规划

一个十多岁的穷小子,自小生长在贫民窟里,身体非常瘦弱,却在日记里立志长大后要做美国总统。如何能实现这样宏伟的抱负呢?年纪轻轻的他,经过几天几夜的思索,拟定了这样一系列的连锁目标。

做美国总统首先要做美国州长——要竞选州长必须有雄厚的财力后盾的支持——要获得财团的支持就一定得融入财团——要融入财团最好要娶一位豪门千金——要娶一位豪门千金必须成为名人——成为名人的快速方法就是做电影明星——做电影明星前得练好身体练出阳刚之气。

按照这样的思路,他开始步步为营。某日,当他看到著名的体操运动主席库尔后,他相信练健美是强身健体的好点子,因而萌生了练健美的兴趣。他开始刻苦而持之以恒地练习健美,他渴望成为世界上最结实的壮汉。三年后,借着发达的肌肉,一身似雕塑的体魄,他开始成为健美先生。

在以后的几年中,他囊括了欧洲、世界、全球、奥林匹克的"健美先生"称号。22岁时,他踏入了美国好莱坞。在好莱坞,他花费了十年时间,利用在体育方面的成就,一心去表现坚强不屈、百折不挠的硬汉形象。终于,他在演艺界声名鹊起。当他的电影事业如日中天时,女友的家庭在他们相恋九年后,也终于接纳了这位"黑脸庄稼人"。他的女友就是赫赫有名的肯尼迪总统的侄女。

婚姻生活恩爱地过去了十几个春秋。他与太太生育了四个孩子,建立了一个典型的"五好"家庭。2003年,年逾五十七岁的他,告老退出了影坛,转为从政,成功地竞选成为美国加州州长。他的下一个目标就是美国总统。

他就是阿诺德·施瓦辛格。他的经历让人记住了这样一句话:思想有多远,我们就能走多远。

从这个职业规划案例可以看出,职业规划制订的越早、步骤越详细,越能早日实现自己的梦想。不管这个目标多么艰难、自己的现实和理想之间相差多远,只要自己有恒心、有切实可行细致的计划,并一步一个脚印踏踏实实地去完成,就一定能实现自己远大的理想!

【任务小结】

本部分内容是职业生涯规划关键内容,能够帮助大学生找到职业生涯发展与企业组织发展的结合点,有效地增强大学生职业生涯规划的执行能力,增强大学生对职业环境的把握能力和对职业困难、挫折的控制能力,学会处理大学生活、职业生活与其他生活的关系,以实现个体自我价值的不断提升和超越,职业生涯管理对职业发展具有重要的推动作用。

任务四　职业素质与职业能力的提升

教学导航

教	知识重点	本专业相关的职业素质与职业能力的种类
	知识难点	职业素质与职业能力提升的方法与途径
	推荐教学方式	课堂案例与生涯训练为主，双线并行
	教学场所	多媒体教室或实训室
	建议学时	4学时
学	必须掌握的理论知识	明确职业素养和职业能力的概念、分类，把握本专业相关需要具备的职业素养与职业能力，掌握提升职业素养和职业能力及创业能力素养的方法
	必须掌握的工作技能	掌握职业素质与职业能力提升的方法与策略
	能力训练	能够正确分析自身职业素养与职业能力的情况，能够运用职业素养与职业能力提升的方法和技巧，并制订职业素养与职业能力的提升方案
	考核方式	考核方式采取过程性考核与终结性考核相结合的方式。最终成绩=平时成绩×30%+职业生涯规划书×40%+生涯发展路径与行动方案×30%

【单元寄语】

社会需要大学生具备"以能为本"的综合素质，这种综合素质不仅包括大学生应有的知识积累，还包括大学生必须具备的良好职业化能力与素养。部分大学生找不到合适的工作，而用人单位又总是寻找不到合适的人才，大学生与用人单位发生对接错位的关键点在于：部分大学生所具备的职业能力和职业素养与用人单位的需求存在差距，还未达到职业化的标准。关注大学生职业能力和职业素养的提升，其目的是通过对大学生职业意识的培养和工作技巧的训练等措施，帮助大学生尽快建立理性、健康的职业理念，从而有意识地培养用人单位所需要的职业化能力与素养，不但从结果上提高大学毕业生的就业数量，还从本质上提高大学毕业生的就业质量。

●张义在一家餐馆打工,老板要求盘子要刷5遍。一开始他还能按照要求去做,刷着刷着,发现少刷了一遍也挺干净,于是只刷4遍,后来发展再少刷一遍还是挺干净,于是又减少了一遍,只刷3遍,并暗中留意另一个打工的学生,发现他还是老老实实地刷5遍,速度自然要比自己慢许多,便出于"好心",悄悄地告诉那个学生,可以少刷一遍,看不出来的,谁知道那个学生一听,竟惊讶地说:"规定要刷5遍,就该刷5遍,怎么能少刷一遍呢?"

●王剑是个非常优秀的技术领头人,其业务能力在团队中可以拔得头筹。但他有一个很大的缺陷:性格孤僻,难以合作。因此,他所带领的团队工作很难开展,团队成员经常与他发生摩擦,需要公司花大量时间和精力进行协调。最后,公司不得不放弃这个技术专才。"我们宁愿用三个业务水平略为平庸的人来代替他,也不能继续用他了,因为他的个性严重挫伤了团队的工作效率和队员的工作热情",公司方的态度很明确。

【问题】

以上案例中的两个人物你对他们有何评价?你认为作为21世纪的职业人应具有的素质与品质有哪些?

_____

_____

一、职业化能力与素养的概念

1. 职业化的含义

(1)职业化的概念

职业化就是一种工作状态的标准化、规范化、制度化,即在合适的时间、合适的地点,用合适的方式,说合适的话,做合适的事。使员工在知识、技能、观念、思维、态度、心理上符合职业规范和标准。

(2)职业化的含义

职业化是从校园人向职业人的转化过程。对职业化的理解,很多人还只停留在外在的层面上。只是简单地认为着装职业化、态度职业化、服务职业化就是职业化了,而对于一个真正职业化的企业来说,职业化应该是全方位的,不是穿一身职业套装,懂一点专业知识,完成一些工作就算具备职业化素质了。

通俗理解起来职业化是这样的状态。

①职业化就是像个做事的样子。你对你做的事内不内行,知识丰富不丰富,技能好不好。

②职业化就是看起来像那一行的人。你有没有你这一行所要求的基本素质,样子一看就可以看出来。

③职业化就是用心把事情做到完美,对一个品牌信誉的坚持,认真尽力做好每一件事情。

④职业化的目标就是使员工在知识、技能、观念、思维、态度、心理上符合职业规范和标准。

【案例解析】

一则招聘启事

前不久,英国一家媒体公布了一则20世纪早期的招聘启事,这则招聘启事很快便成为各大公司的"宠儿",人们争相套用或直接搬用它,为公司招贤纳才。

这则招聘启事是这样写的:

现招聘男性一名。他要坐立笔直,言行端正;他的指甲缝里不能乌黑,耳朵要干净,皮鞋要擦亮;他习惯于勤洗衣服,梳洗头发,好好保护牙齿;别人和他讲话的时候他要认真听,不懂就问;但与己无关的事情不要过问;他要行动迅速,不出声响;他可以在大街上吹口哨,但在该保持安静的地方却不能吹口哨;他看起来要精神愉快,对每个人都笑脸相迎,从不生气;他要礼貌待人,尊重女士;他不吸烟,也不想学吸烟;他愿意说一口纯正的英语而不是俚语;他从不欺负别人也不允许别人欺负他;如果不知道一件事情,他会说:"我不知道";当他犯了错误,他会说"对不起";当别人要求他做一件事情,他会说:"我尽力";他说话时会正视你的眼睛,从不说谎;他渴望阅读优秀的书籍;他更愿意在体育馆中度过闲暇时间,而不是在密室中赌博;他不想故作"聪明"或以任何形式哗众取宠;他宁愿丢掉工作也不愿意说谎或是做小人;他在与女性的相处中不紧张;他不会为自己开脱,也不会总是想着自己或是谈论自己;他和自己的母亲相处融洽,和母亲的关系最为亲近;有他在身边你会感到很愉快;他不虚伪,也不假正经,而是健康、快乐且充满活力。

事实上,任何地方都需要这样的男孩。家庭需要他,学校需要他,办公室需要他,男孩需要他,女孩需要他……百年前需要这样的人,一百年后的今天仍然需要这样的人。

资料来源:《报刊文摘》2008年4月

我想看了这个案例,你会怎么想?我想你已经知道了,在职业生涯管理过程中,我们应该成长为什么样的人了吧?

2. 职业化能力与素养的含义与构成

(1) 职业化能力与素养的概念

职业化能力与素养,是指为了胜任一种具体职业而必须具备的标准化、规范化、制度化的能力与素养。

日常生活和职业活动的观察和研究都表明,人的职业能力与素养各不相同,有人善于言语交谈,有人善于操作,有人善于理论分析,有人善于事务性职业。每个人都有自己独特的能力与素养结构。社会上的职业也是多种多样的,各种职业对从业者的能力要求亦各不相同,如教师要有专业授课能力,人事主管要有沟通、协调能力,这些能力通过每个职业(岗位)说明书的任职资格就可以了解到。在社会大多数职业中,有时需要几种能力的综合。由于人的能力各有长短、优劣,很难整齐划一,这就要求大学生在进行职业生涯管理时,充分考虑企业组织人力资源因素,有针对性地开展职业化能力与素养的培养与训练。

(2) 职业化能力与素养的构成

职业化能力与素养主要由专业知识、职业心态和工作技能等三个基本要素构成。

如果说"职业化能力与素养"是一座金字塔,那么专业知识、工作技能、职业心态就是铸成金字塔的三大基石,三者缺一不可。所谓专业知识——是指对工作、岗位的认识和经验,即"知道是什么"。所谓工作技能——是指完成工作的方法和技巧,即"知道怎么做",并能够用一系列的行为将其在工作中展现出来。所谓职业心态——是指你对待工作的态度。

二、高职院校大学生应注重培养的职业化能力与素养

有一句经典广告词——"要做就做最好"。其实现实生活中,所有你认为的比较成功的职业生涯典范,都是从小人物成长起来的。因此,只要你愿意,你也可以从小人物成长为大人物。中国有句古话:"馈人以鱼,莫如教人捕鱼。"谁能正确地掌握提升职业化能力与素养的技巧与方法,谁就会在职业生涯发展的道路上走向自己的成功。现在我们从以下几个方面,着手进行职业生涯职业化能力与素养的开发管理。

1. 知识运用的能力

知识运用的能力是指运用所学知识提高实践活动成效的本领,它表现为无论什么活动中都善于用自己所学的知识去分析问题与解决问题。大学里除了学习知识外,更重要的是掌握学习的方法,培养一种运用知识去解决问题的能力,仅死记硬背记了一大堆知识是无法应对纷繁复杂的社会问题和工作任务的。这也是给一些死读书的同学的一个提醒,读书的真谛是为了解决实际问题,是为社会、单位、个人创造财富和价值。

☺ **练习:头脑风暴训练。**

1. 请依据本学期开设的课程,在最短的时间里尝试着写出本学期自己学到了哪些知识?
_____
_____

2. 思考这些知识能够在哪些工作中得到运用与发展?
_____
_____

3. 思考你的职业生涯目标职业,你觉得还应学习哪些知识?
_____
_____

知识运用能力的提高,主要取决于两个方面,一方面是刻苦学习,另一方面是勤于实践。

2. 自我推销的能力

每个人都希望把自己的能力和才华更好地展现出来,获得别人的尊重、信任、肯定和赞赏。但要知道你必须要学会推销自己,把自己的更好的一面展现出来。推销自己不仅是一种生存能力,更是一门人际交往的艺术。"酒香也怕巷子深",大学生需增强自我推销能力。学生的素质再好,能力再强,不会推销自己,雇主怎么知道你是他们最合适的人选呢?招聘面试关都过不了,又怎么能施展你的才华呢?

善于自我推销,实际上表现为两种能力,一种是沟通能力,一种是人际关系的建立能力。大学生一定要培养自己沟通和人际交往的能力,学会恰如其分地向别人推销自己,这是一门学问,可这种能力一般在书本上是学不到的,大学生必须在实践中摸索和培养。

☺ **练习:面试中的自我介绍。**

1. 假设这是一次面试,下面的同学均是面试官,请你用两三分钟的时间做一个简单的自我介绍。

2. 请下面的同学为你评判一下,在自我介绍中哪些方面表现得较好？哪些方面还存在不足,有待改进？

3. 针对存在的问题,请思考:你打算如何改进？

3. 专业技能

就工作与专业的关系而言,当前大学生寻找工作时,有专业对口型、专业相关型和专业无关型。专业对口型是从事与专业紧密相关的工作,这类大学生在技术类专业中约占70%,且以工科大学生居多；专业相关型是从事与专业有一定关系的工作,这类大学生在非技术类专业中约占80%,以文、史、哲、经济、管理、语言居多；专业无关型是指所从事工作与所学专业几乎毫无联系,这类大学生在各类专业中均存在,如技术类专业从事非技术类职业,非技术类专业从事技术类工作。可见,用人单位在选聘人才时,对应聘人员的专业要求并不是一概而论的。

总的来说,多数用人单位对大学生的专业能力还是比较看重的,招聘专业相关型和专业无关型岗位的用人单位,往往是通过你的专业学习态度和学习的能力来判断你的价值观和潜能。所以,即使对自己的专业不感兴趣的学生也要尽力把自己的专业学好,这也是作为一名大学生的职业素养的体现。

练习:**专业技能探索**。

1. 请结合自己所学的专业,分析并汇总:用人单位喜欢具有什么专业技能的大学生？可以通过查询资料或生涯访谈或是询问专业教师等途径。

2. 结合收集来的资料分析自己的专业技能如何？

4. 沟通能力

一个企业中70%的问题是由沟通的不成功或者是不去沟通造成的。我们经常遇到沟通不畅的问题,这往往是因为所处的立场不同、环境各异所造成的。

沟通能力包括语言沟通能力和书面沟通能力。

(1)语言沟通

所有的公司都不可避免地面临内部员工如何相处的问题。一个公司的成功,很多时候取决于全体职员能否团结协作,互通有无。

(2)书面沟通

当发现与领导面对面的沟通效果不佳时,你可以采用迂回的办法,如电子邮件、书面信函、报告的形式尝试沟通一番。因为,书面沟通有时可以达到面对面语言沟通所无法达到的效果。可以较为全面地阐述想要表达的观点、建议和方法,达到让领导听你把话讲完,而不是打断你的讲话,或被其台上的电话打断你的思路的效果。

练习：人际沟通风格测试。

请回答以下 A、B 两套题。如果左边的描述更接近你的实际情况，请给自己 5 分以下；如果接近右边的描述，请给自己 6 分以上。请如实回答，以保证对你自己有更加准确的认识。答完每套题后，将分数相加，得出该套题的总分。

A 套题

1. 面对风险、决定或变化反应迟缓、谨慎、从容　1 2 3 4 5 6 7 8 9 10　面对风险、决定或变化反应迅速

2. 与大伙一起讨论时不常主动发言　1 2 3 4 5 6 7 8 9 10　与大伙一起讨论时经常主动发言

3. 强调要点时不常使用手势及音调的变化　1 2 3 4 5 6 7 8 9 10　强调要点时经常使用手势及音调的变化

4. 表达时经常使用较委婉的说法，如"根据我的记录"、"你可能以为"　1 2 3 4 5 6 7 8 9 10　表达时经常使用强调式的语言，如"就是如此"、"你应该知道"

5. 通过阐述细节内容强调要点　1 2 3 4 5 6 7 8 9 10　通过自信的语调和坚定的体态强调要点

6. 提问用来检验理解、寻求支持或更多信息　1 2 3 4 5 6 7 8 9 10　提问用来增强语气、强调要点或提出异议

7. 不爱发表意见　1 2 3 4 5 6 7 8 9 10　愿意发表意见

8. 耐心、愿意与人合作　1 2 3 4 5 6 7 8 9 10　性急、喜欢竞争

9. 与人交往讲究礼节、相互配合　1 2 3 4 5 6 7 8 9 10　喜欢挑战、控制局面

10. 如果就没什么大不了的事意见有分歧，很可能附和他人的观点　1 2 3 4 5 6 7 8 9 10　意见分歧时，愿意坚持自己的观点并要辩论出究竟

11. 含蓄、节制　1 2 3 4 5 6 7 8 9 10　坚定、咄咄逼人

12. 与人初次见面时目光间断性注视对方　1 2 3 4 5 6 7 8 9 10　与人初次见面时目光长久注视对方

13. 握手时较轻　1 2 3 4 5 6 7 8 9 10　紧紧握手

B 套题

1. 戒备　1 2 3 4 5 6 7 8 9 10　坦率

2. 感情不外露；只在需要别人知道时表露　1 2 3 4 5 6 7 8 9 10　无拘束地表露、分享感情

3. 多数时依据事实、证据做决定　1 2 3 4 5 6 7 8 9 10　多数时根据感觉做决定

4. 就事论事，不跑题　1 2 3 4 5 6 7 8 9 10　谈话时不爱专注于一个话题

5. 讲究正规　1 2 3 4 5 6 7 8 9 10　轻松、热情

6. 喜欢干事　1 2 3 4 5 6 7 8 9 10　喜欢交友

7. 讲话或倾听时表情严肃　1 2 3 4 5 6 7 8 9 10　讲话或倾听时表情丰富

8. 表达感受时不太给非语言的反馈　1 2 3 4 5 6 7 8 9 10　表达感受时愿意给非语言的反馈

9. 喜欢听现实状况、亲身经历和事实　1 2 3 4 5 6 7 8 9 10　喜欢听梦想、远见和概括性信息

10. 对人和事应对方法较单一　1 2 3 4 5 6 7 8 9 10　对别人占用自己的时间灵活应对

11. 在工作或社交场合需要时间去适应　1 2 3 4 5 6 7 8 9 10　在工作或社交场合中适应快

12. 按计划行事　1 2 3 4 5 6 7 8 9 10　做事随意

13. 避免身体接触　1 2 3 4 5 6 7 8 9 10　主动做出身体接触

分别得出两套题的总分后,请在图中确定你的位置:在横轴上标出与A套题的总分相对应的位置作为A点;在纵轴上标出与B套题的总分相对应的位置作为B点;画一条垂直线经过A点,再画一条水平线经过B点。两条直线相交的位置,反映你比较自然的人际风格倾向。

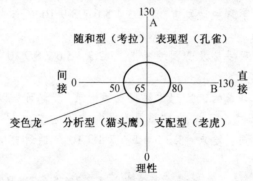

图2.4　人际风格倾向图

结果分析:

表现型(孔雀):热情、冲动、愉快、幽默、善言辞、鼓动气氛;

随和型(考拉):亲切、稳定、不慌不忙、大局为重、和为贵;

分析型(猫头鹰):精确、慎重、依制度、清高、埋头苦干、引经据典;

支配型(老虎):锐利、勇敢、果断、咄咄逼人、注重事实、适应压力。

为了达成良好的沟通,需要培养同情心,应学会站在对方的立场思考,真正了解对方的感受是至关重要的。用同情心去听,一边听一边思考:"他为什么会有这样的观念?他为什么会有这样的结论呢?"这样就能够从对方的角度想问题,沟通起来也就会很顺畅。沟通中很讲究"听的艺术",它要求我们:第一听话不要听一半;第二不要把自己的意思,投射到别人所说的话上。沟通中还要学会"问的艺术":第一,提问题的时候要持愿意倾听的态度,无论你多么善于交际,如果你只是冷冷地流于形式,对方最终会感觉到你只不过是在设法让他对你产生好感;第二,尽量保持双重视角,不仅考虑到自己想听什么、想说什么,还要考虑到对方的需要。最令人讨厌的就是毫不顾及别人的想法和需求。

有效沟通交流必须要把握六个"C":清楚(clearly)、简明扼要(chiefly)、有礼貌(courtly)、有建设性(constructive)、正确(correctly)、完整(completely)。

 练习:提高沟通能力的一般程序。

1.闭上眼睛想一想,列出沟通情境和沟通对象清单。

再想一想,你都需要与哪些人沟通?
_____
_____

2. 评价自己的沟通状况,问自己如下问题:对哪些情境的沟通感到愉快?对哪些情境的沟通感到有心理压力?最愿意与谁保持沟通?最不喜欢与谁沟通?是否经常与多数人保持愉快的沟通?是否常感到自己的意思没有说清楚?是否常误解别人,事后才发觉自己错了?是否与朋友保持经常性联系?是否经常懒得给人写信或打电话?

我的沟通状况如下:
_____
_____

3. 评价自己的沟通方式,主要问自己如下三个问题:通常情况下,自己是主动与别人沟通还是被动沟通?在与别人沟通时,自己的注意力是否集中?在表达自己的意图时,传递的信息是否充分?

我的沟通方式状况如下:
_____
_____

4. 制订、执行沟通计划,通过前几个步骤,你一定能够发现自己在哪些方面存在不足,从而确定在哪些方面重点改进。
_____
_____

5. 对计划进行监督,比如用日记、图表记载自己的发展状况,并评价、分析自己的感受。
_____
_____

5. 应变能力

应变能力是指自然人或法人在外界事物发生改变时,所做出反应的能力,这种反应可能是本能的,也可能是经过大量思考过程后,所做出的决策。用人单位需要那种具有高度灵活应变能力的人,听得认真,写得明白,看得仔细,说得清楚,叙述准确将具有无可估量的价值。另外,用人单位是一个活生生地处于不断发展之中的实体,在其发展过程中会遇到许多意想不到的新问题,这就需要员工具有应变能力,能灵活地适应各种环境的变化。

应变能力表现在以下几个方面。
①能在变化中产生应对的创意和策略。
②能审时度势,随机应变。
③在变动中辨明方向,持之以恒。

 练习:面试应变能力自测。

提示:现在你是一名应届毕业生,请尝试回答以下问题。
1. 经过考核,我们认为你不适合此项工作,今后你会怎么做?
2. 如果你的工作出现失误,给本单位造成经济损失,你认为该怎么办?
3. 在你服务接待的酒店里,某个顾客的财物被小偷偷走。该顾客非常气愤,怒气冲冲地闯进你的办公室。你将如何处理该事件?

具体来说,应变能力可以通过实践来逐步提高。

(1)多参加富有挑战性的活动

在实践活动中,我们必然会遇到各种各样的问题和实际困难,努力去解决问题和克服困难的过程,就是增强人的应变能力的过程。

(2)扩大个人的交往范围

无论家庭、学校还是小团体,都是社会的一个缩影,在这些相对较小的范围内,我们可能会遇到各种需要应变能力才能解决的问题。因此,只有首先学会应变各种各样的人,才能推而广之,应付各种复杂环境。只有提高自己在较小范围内的应变能力,才能推而广之,应付更为复杂的社会问题。实际上,扩大自己的变化范围,也是一个不断实践的过程。

(3)加强自身的修养

应变能力高的人往往能够在复杂的环境中沉着应战,而不是紧张和莽撞从事。在工作、学习和日常生活中,遇事沉着冷静,学会自我检查、自我监督、自我鼓励,有助于培养良好的应变能力。

(4)注意改变不良的习惯和惰性

假如我们遇事总是迟疑不决、优柔寡断,就要主动地锻炼自己分析问题的能力,迅速作出决策。假如我们总是因循守旧,半途而废,那就要从小事做起,努力控制自己,不达目标不罢休。只要下决心锻炼,人的应变能力是会不断增强的。

6. 善于学习

一位哲学家曾说过:"未来的文盲不是不识字的人,而是没有学会怎样学习的人。"未来的竞争是学习能力的竞争。未来最有价值的能力是什么?是学习能力。学习已经成为个人、团队、组织最重要的时代主题。只有终身学习,才能适应未来社会的发展变化。据调查统计,一个大学生在校获得知识的5%~10%是将来必需的,而90%~95%的知识是在工作以后的工作学习中获得的。这个结论印证了"知识折旧率"的定律,任何一个人在求学阶段所获得的知识,不过是他一生所需的10%,其他90%以上的知识都必须在离开学校之后的自学中不断获取。学习能力并不能够通过专业成绩反映出来,只有不断吸收接受新的知识,新的技能,才能成为有潜力可挖、有发展前途的员工。

☺ **测试练习:你是否善于学习?**

1. 你是否能够长时间地把意志和精力专注到学习上?
2. 你是否能广泛地、及时地运用多种方式和手段吸纳知识?
3. 你是否能通过丰富多彩的社会实践获得知识?
4. 你是否能带着问题边学边思,形成自己的独到见解?
5. 你是否能举一反三,形成新的知识、新的思想?

如何提升自我的学习能力?可以从以下几个方面着手。

①从阅读中学习。阅读是最常用的学习方式,书籍是知识的主要载体之一,博览群书,能够开阔视野,拓展思路。

②从实践中学习。我国古代"学与思"、"知行合一"的至理名言,都道出了"知识不用于行

动,难以获得真正的智慧"的事实。实践是学习的重要内容,也是学习的重要途径。一要自觉地向实践学习,自觉了解实践,尊重实践,总结实践,从实践中获得真知。二要自觉地学习他人的经验。

③在读书的过程中打造钻进去、跳出来的能力。一方面要专心致志,用功夫去阅读书本知识,寻求"真知"。要在学习掌握丰富知识的基础上,善于通过外部特征和表面联系,挖掘反映对象的本质,乃至形成自己的理性认识。另一方面要在了解、读懂的基础上,能够跳出书本,把所学的知识运用到具体的实际工作中去。

7. 信息搜集能力

信息搜集是指依据一定的目的,通过有关的信息媒介和信息渠道,采用相适宜的方法,有计划地获取信息的工作过程。收集各类信息资料,包括各种政策、报告、计划、方案、统计报表、业务流程、管理制度和考核方法等,尤其要重视竞争对手的信息。

8. 抗挫折能力

遇到失败、挫折和打击能自我安慰和解脱,还会迅速总结经验教训,而且坚信情况会发生变化。失败、挫折并不可怕,可怕的是遇到挫折、失败时丧失自信心或选择放弃,在人生的旅途中遇到一点困难是很正常的事情,我们需要用正确的心态去面对它,提高抗挫折能力,成为一名意志坚强的人。

 小测试:挫折心理测试。

下面有14道题,每道题都有3个备选答案。请根据自己的实际情况,在题目下面圈出相应的字母,每道题只能选择一个答案。请注意这是测验你的实际想法和做法,而不是问你哪个答案最正确。因此请不要猜测"正确的"答案,以免测验结果失真。

1. 在过去的一年中,你自认为遭受挫折的次数(　　)。
   A. 0~2次　　　　　　B. 3~4次　　　　　　C. 5次以上
2. 你每次遇到挫折(　　)。
   A. 大部分都能自己解决　B. 有一部分能解决　　C. 大部分解决不了
3. 你对自己才华和能力的自信程度(　　)。
   A. 十分自信　　　　　B. 比较自信　　　　　C. 不太自信
4. 你对问题经常采用的方法是(　　)。
   A. 知难而进　　　　　B. 找人帮助　　　　　C. 放弃目标
5. 有非常令人担心的事时,你(　　)。
   A. 无法工作　　　　　B. 工作照样不误　　　C. 介于A、B之间
6. 碰到讨厌的对手时,你(　　)。
   A. 无法应付　　　　　B. 应付自如　　　　　C. 介于A、B之间
7. 面临失败时,你(　　)。
   A. 破罐破摔　　　　　B. 使失败转化为成功　C. 介于A、B之间
8. 工作进展不快时,你(　　)。
   A. 焦躁万分　　　　　B. 冷静地想办法　　　C. 介于A、B之间
9. 碰到难题时,你(　　)。
   A. 失去自信　　　　　B. 为解决问题而动脑筋　C. 介于A、B之间

10. 工作中感到疲劳时(　　)。
　　A. 总是想着疲劳,脑子不好使了　B. 休息一段时间,就忘了疲劳　C. 介于 A、B 之间
11. 工作条件恶劣时,你(　　)。
　　A. 无法工作　　　　　　　　B. 能克服困难干好工作　　　C. 介于 A、B 之间
12. 产生自卑感时,你(　　)。
　　A. 不想再干工作　　　　　　B. 立即振奋精神去干工作　　C. 介于 A、B 之间
13. 上级给了你很难完成的任务时,你会(　　)。
　　A. 顶回去了事　　　　　　　B. 千方百计干好　　　　　　C. 介于 A、B 之间
14. 困难落到自己头上时,你(　　)。
　　A. 厌恶之极　　　　　　　　B. 认为是个锻炼　　　　　　C. 介于 A、B 之间

评分分析:

1～4 题,选择 A、B、C 分别得 2、1、0 分;

5～14 题,选择 A、B、C 分别得 0、2、1 分。

19 分以上:说明你的抗挫折能力很强。

9～18 分:说明你虽有一定的抗挫折能力,但对某些挫折的抵抗力薄弱。

8 分以下:说明你的抗挫折能力很弱。

三、大学期间主要职业能力与职业素养提升的方法与策略

大学生职业化能力与素养的提升,是一个比较富有挑战性的话题。人们很容易就能够总结出大学生需要提升的职业化能力与素养,但是落实到具体如何提升每一种能力与素养,却是"仁者见仁,智者见智"。

1. 努力学好基础知识与技能,加强自身的修养

知识、技能、经验是能力与素养形成的基础,培养能力与素质首先要学好基础知识与专业知识、技能。在此基础上才能运用这些材料进行合理的组合,在实践中用作沟通交流的工具。个人修养包括:文化修养,对文化知识的接受和提高;艺术修养,达到完美人格不可或缺的部分;涵养与意志的修养,个人涵养与素质;品德修养,高尚的道德理想、合作、诚实、守信、正义等。

作为大学生应该利用一切可能的方式,如阅读、听讲座、发展自己的兴趣爱好,提升自己的修养,这将是你成功之路上一笔宝贵的无形资产。

2. 积极参与各种活动,敢于实践

能力与素养的培养需要有较多的实践机会。具有自主学习意识的大学生,不仅会充分利用校内社会活动的机会,还会利用课余或节假日走出校门,参与校外实践,如当义工、无偿帮工或勤工俭学,来训练自我职业相关职业能力与素养。另外,多参加富有挑战性的活动,在这类实践活动中,必然会遇到各种各样的问题和实际的困难,努力去解决问题和克服困难的过程,也就是增强人的应变能力和分析解决问题的能力的过程。

3. 用心、用脑、善于总结

同样的时间,参加同样的活动,不同的人所获得的能力发展水平却不同,这就像大学生都在学习,学习能力却有强弱之分。这表明在实践活动中是否"用心",是否"用脑",对经验进行有意识地总结概括,是提升能力与素养的关键。聪明人不是不犯错误,而是不重复同一种错误。想想自己是否多次在同一种类型的问题上犯错,在同一种情境中失败?这反映即使进行

了实践,如果没有进行有效地总结概括,能力仍然不能获得提高。

4. 善于学习他人的经验

学习他人包括两方面。一方面是,观察他人,获得间接经验。在自己没有机会进行实践时,可以观察他人的行为,听取他人的经验介绍,对照实际效果,获得间接经验。这种途径可以解决尚未获得实践机会时的能力培养问题。另一方面是,听取他人意见。人们常说"当事者迷,旁观者清"。通过实践活动,我们固然可以自己进行总结,但如果请求他人对自己的实践活动进行评价,就可以预防"片面性",有效地检验自己的经验,提高实践效率。

☺ **练习:材料分析。**

以小组为单位,完成以下任务。

1. 请同学们收集本专业相关的 10 条招聘广告信息,并根据其分析职位或岗位所需要的职业素养与职业能力有哪些?
_____
_____

2. 检讨自身存在哪些差距?
_____
_____

3. 集思广益分析解决差距的办法。
_____
_____

附:职业能力与素养提升方案

拟提升的职业化能力与素养的名称:
描述该项能力与素养的状况:
描述目标职位与岗位对该项能力与素养的要求:
描述或列举该项能力与素养提升的方案:

四、创业能力与素养

1. 大学生应具备的创业能力与素养

创业是极具挑战性的社会活动,是对创业者自身智慧、能力、气魄、胆识的全方位考验。大学生要想获得创业者的成功,必须具备基本的创业能力与素养,主要包括创业意识、创业心理品质、创业精神、竞争意识、诚实守信、创业能力。

(1) 强烈的创业意识

阿里巴巴创始人马云曾说过："创业者最重要是非常喜欢自己做的这件事情,因为太爱这件事情而去做,不是因为别人一句话灵机一动就去做。创业者想的事就想把它做好,喜欢它,做梦也为他做的事情……"。要想取得创业的成功,创业者必须具备自我实现、追求成功的强烈的创业意识。强烈的创业意识,能帮助创业者克服创业道路上的各种艰难险阻,将创业目标作为自己的人生奋斗目标。创业的成功是思想上长期准备的结果,事业的成功总是属于有思想准备的人,也属于有创业意识的人。

(2) 良好的创业心理品质

创业的成功在很大程度上取决于创业者的创业心理品质。正因为创业之路不会一帆风顺,所以,如果不具备良好的心理素质、坚忍的意志,一遇挫折就垂头丧气、一蹶不振,那么,在创业的道路上是走不远的。宋代大文豪苏轼说:"古之成大事者,不唯有超世之才,亦必有坚韧不拔之志"。只有具有处变不惊的良好心理素质和愈挫愈强的顽强意志,才能在创业的道路上自强不息、竞争进取、顽强拼搏,才能从小到大,从无到有,闯出属于自己的一番事业。

(3) 自信、自强、自主、自立的创业精神

自信就是对自己充满信心。自信心能赋予人主动积极的人生态度和进取精神。不依赖、不等待。要成为一名成功的创业者,必须坚持信仰如一,拥有使命感和责任感;信念坚定,顽强拼搏,直到成功。信念是生命的力量,是创立事业之本,信念是创业的原动力。要相信自己有能力,有条件去开创自己未来的事业,相信自己能够主宰自己的命运,成为创业的成功者。

(4) 竞争意识

竞争是市场经济最重要的特征之一,是企业赖以生存和发展的基础,也是立足社会不可缺的一种精神。人生即竞争,竞争本身就是提高,竞争的目的只有一个——取胜。随着我国社会主义市场经济从低级向高级发展,竞争也愈来愈激烈。从小规模的分散竞争,发展到大集团集中竞争;从国内竞争发展到国际竞争;从单纯产品竞争,发展到综合实力的竞争。因此,创业者如果缺乏竞争意识,实际上就等于放弃了自己的生存权利。创业者只有敢于竞争,善于竞争,才能取得成功。创业者创业之初面临的是一个充满压力的市场,如果创业者缺乏竞争的心理准备,甚至害怕竞争,就只能是一事无成。

(5) 诚实守信

蒙牛集团董事长牛根生认为:"小胜凭智,大胜靠德",因为"德"是制服人心的最佳利器。想赢两三个回合,赢三年五年,有点智商就行;要想一辈子赢,没有"德商",绝对不行。诚实守信是一种道德品质,就创业者个人而言,诚信乃立身之本,"言而无信,不知其可也。"创业者在创业过程中,如不讲信誉,就无法开创出自己的事业;失去信誉,就会寸步难行。诚信,一是要言出即从;二是要讲质量;三是要以诚信动人。

(6) 全面的创业能力素质

创业能力是一种特殊的能力,这种特殊能力往往影响创业活动的效率和创业的成功。创业能力包括决策能力、经营管理能力、创新能力、专业技术能力与交往协调能力组成。

上述五个方面的基本素质中,每一项基本素质均有其独特的地位与功能,任何一个要素都会影响其他要素的形成和发展,影响其他要素的功能和作用的发挥,乃至影响创业的成功。因此一个未来的创业者,不仅要注意在环境和教育的双重影响下培养自己的创业素质,而且要重视其整体结构的优化,在创业实践中不断提高自我的创业素质。

练习：你具备一个成功创业者的能力和素质吗？

填表说明：

1. 要实事求是地填写此表。
2. 填写每一项能力或个人素质时，先阅读说明，然后再评价你在这方面有长处还是有弱点。
3. 把你的创业构思讲给一位家庭成员或与你关系比较密切的朋友听。请他们对你进行评价，然后把他们对你的评价填入表中。
4. 数一数你总共有多少长处，有多少弱点（先打√，再计数）

项目	内容	自我评估		朋友的评估	
		长处	弱点	长处	弱点
个人基本素质	强烈的创业意识——具备自我实现、追求成功的强烈的创业意识，努力克服创业道路上的各种艰难险阻，将创业目标作为自己的人生奋斗目标。（你如果具有，这就是你的长处）				
	良好的创业心理品质——具有非常强的心理调控能力，能够持续保持一种积极、沉稳的心态，具有处变不惊的良好心理素质和愈挫愈强的顽强意志。（你如果具有，便是你的长处）				
	自信、自强、自主、自立的创业精神——相信自己能够主宰自己的命运，不贪图眼前的利益，不依恋平淡的生活，具有独立性思维能力，希望凭借自己的努力和奋斗，建立起自己生活和事业。（如果你不是如此，这是你的短处）				
	竞争意识——敢于竞争，善于竞争。（如果你能这样，便是你的长处）				
	诚实守信——如果你对自己的员工、供应商和客户不诚实，你将有损于自己的信誉，名声不好对生意不利。（如果你不是如此，这是你的短处）				
全面创业能力	决策能力——在你的企业里，你得做出重要的决策。你不能把决策权让给别人。经营企业时，做艰难的抉择十分重要。你能在难以决断时做决定吗？（如果你能这样，便是你的长处）				
	经营管理能力——指的是有效经营企业所需要的能力，包括销售、成本核算、记账，以及最重要的人员管理能力。（同时具备了两项技能，就是你的长处）				
	专业技术能力——这是企业生产产品、提供服务所要具备的实际能力。如果你不具备所需要的技能，这就是你的一个弱点。（你有技术，就是你的长处）				
	交往协调能力——能够妥善的处理与公众（政府部门、新闻媒体、客户等）之间的关系，以及能够协调下属各部门成员之间关系的能力。（如果你能这样，便是你的长处）				
	创新能力——具有一定创造性思维、创造性想象、独立性思维和捕捉灵感的能力，或是具备完成创新任务的具体工作的能力。（如果你能这样，便是你的长处）				

续表

算一算你有多少长处和弱点,并将数目写在这里:		
看看你的长处多,还是弱点多?把两边的数据加在一起做个比较。如果长处多,说明你具有办企业的潜力,选择"是",反之,选择"否"。	是	否

2. 创业能力与素养的提升

创业既是一种能力,也是一种精神。如果说资金和项目对创业者非常重要的话,那是否具有一种创业精神,才是更重要的大问题。创业者的自身素质才是创业成败的关键,而创业精神需要在创业过程中慢慢培养,创业者的素质和能力,也是可以培养和提高的。

创业能力与素养的提升的途径主要有以下几点。

(1)努力学习相关知识

知识可以促进能力的发展。任何能力的形成和提高都是在掌握和运用知识的过程中完成的,创业能力也不例外。香港籍印尼纺织大亨赵安中认为,"经商必须有扎实的基础知识,必须一步一步从头学起。"创业者一方面要加强专业意识的培养,要精通和创业相关的专门知识和技能,并需要不断吸收新技术、新知识。另一方面,还应培养良好的社会意识,主要包括与人协调合作,集体工作的意识和强烈的社会责任感以及竞争意识、环境意识、质量意识、品牌意识、安全意识等,这是提高创业能力的极其重要的社会基础。

(2)实践是提高创业能力的唯一途径

创业能力的形成和提高必须在创业实践中才能实现。创业者应根据自身和专业特点,在培养自己强烈的创业意识、成功意识,认真学习专业文化知识的基础上,积极参与创业实践活动。

(3)向成功的创业者求教

大千世界藏龙卧虎。有些能人真正身怀绝技,能讲出常人所没有认识到的道理,能解决常人所不能解决的问题。如果我们真心诚意地向专家求教,他们只要将自己的"秘方"传授给我们一二,那么,我们何愁不能迅速成为行家里手呢?

(4)迅速提升自我

当然,个人要迅速提升自身素质和能力是不现实的事情,知识、能力和素质的提高需要长时间的锻炼和积累。然而对创业者来讲,在创业机会稍纵即逝的时候,必须能够紧紧抓住机遇。面对机会,再去提升自己,那是空谈,所以创业者应该在日常生活中,工作实践中有意识地学习,使自己逐渐成长起来——机会属于有准备的人。

 练习:你的创业能力增强计划。

填表说明:

1. 要实事求是地填写此表。
2. 在左边一栏列出你认为自己在个人素质和技术能力方面的弱点。
3. 在右边一栏说明你克服这些弱点的办法。

弱　　　点	克 服 办 法
1.	
2.	
3.	
4.	
5.	

五、职业素质与职业能力的提升实训

1. 实训项目：生涯人物访谈

（1）实训目的

通过生涯人物访谈，帮助大学生检验和印证以前通过其他渠道获得有关职业信息的有效渠道，并了解与未来工作有关的情况，如潜在的入职标准、核心素质要求、晋升路径和工作者的内心感受，正确认识自己的优势与不足，从而制订更加合理的大学学习、生活和实习计划，为以后可能的职业方向奠定基础。

（2）实训内容

生涯人物访谈的具体步骤如下。

1）了解自己

借助一定的工具（如职业性格 MBTI 量表、霍兰德职业倾向测试、职业能力测量表、职业价值观自测量表或测评软件）分析自己的性格、兴趣、能力和工作价值观。

注意：可以使用各种测评工具或软件，但不能迷信。

2）寻找生涯人物

结合自己的性格、兴趣、技能、工作价值观、教育背景和已掌握的职业知识列出未来可能从事的 3~5 个职业，然后在每个职业领域寻找 3 位以上的在职人士作为生涯人物。

搜集生涯人物的信息和资料，一般有以下几个途径。

①家人、朋友、学生、老师等人的介绍和引荐。

②通过报刊、媒体取得生涯人物的联系方式，自己直接联系。

③通过各种组织和协会取得自己想拜访的生涯人物的联系方式和相关资料。

④通过网络搜集，查找生涯人物的信息。

注意：①生涯人物的结构应合理，既有初入职场的人士，也有工作了一定年限的中高层人士；②正式访谈前，对生涯人物的信息掌握得越全面越好，姓名、职务和联系方式是必须的，对于可以在生涯人物的讲话、文章或者大众传媒和单位网页上可以获得的信息要尽可能地收集和熟悉。

3）整理所获取的生涯人物的资料

依据各人的具体情况（包括年龄、生活习惯、个人爱好、居住地等）选择访谈目标和具体的时间、地点的安排。

4）预约生涯人物

预约方式有电话、QQ、电子邮件和普通信件等，其中电话最好。预约时首先介绍自己，然后说明找到他的途径、自己的采访目的、感兴趣的工作类型以及进行采访所需要的时间(通常20到30分钟)。

如果生涯人物能和自己见面,就感谢他能够接受采访并确认采访的日期、时间和地点;如果生涯人物不能和自己见面,就问他能否给出五分钟的时间进行电话采访;如果还是不行,就表示遗憾,并请求推荐一位与他所从事工作相似的人,如果得到了被推荐人的名字,应表示感激。

注意:①联系前的准备要充分,电话联系时还应备好纸和笔,以备临时电话采访;②联系时一定要有礼貌,时间要短。

5)设计访谈问题

一次访谈的问题以5到10个为宜,不宜过多;所提问题要根据自己的具体要求进行设计,以获得对自己有用的信息;设计的问题最好以封闭式为主,既节约时间,又能得到需要的答案;问题设计要尽量口语化、通俗、易懂。

(3)实训场地或方式

采访方式可以是面谈、电话访谈、QQ访谈,最好是面谈。面谈前,采访者一般可以用已经从其他渠道了解的生涯人物的好消息轻松打开话题。之后就可以按设计好的问题开始访谈了。遇到生涯人物谈兴正浓时,采访者要乐于倾听,给生涯人物留出提供其他信息的机会。在访谈结束时,请生涯人物再给自己推荐其他相关的生涯人物。这样就可以以滚雪球的方式拓展自己的职业认知领域。

注意:①采访前为自己准备个"30秒的广告",因为在访谈过程中生涯人物可能会问采访者的职业兴趣和求职意向;②面谈前,应征求生涯人物的意见,视情况对谈话进行录音、或书面记录、或不记录;③面谈一定要守时、简洁,不浪费他人时间;④不要利用访谈找工作,否则会引起访谈者的反感;⑤访谈结束后,对于不允许访谈现场记录的内容应迅速补记;⑥采访结束后一天之内,要通过合适的方式表示感谢。

(4)考核方式

用职业信息加工的观点来分析,总结心得体会,写一篇三千字左右的生涯人物访谈报告。

【案例解析】

揭秘张艺谋成功的职业规划

今天,张艺谋已经成为中国电影的一面旗帜。其实,不止是张导的电影好看,张导迈向成功的职业发展历程也很值得我们借鉴。

解剖张艺谋的发展历程。

"前半生"——从农民到摄影师和演员

让我们首先来看看张导的过去。1968年初中毕业后,张艺谋在陕西乾县农村插队劳动,后在陕西咸阳国棉八厂当工人。1978年入北京电影学院摄影系学习。1982年毕业后任广西电影制片厂摄影师。1984年作为摄影师拍摄了影片《黄土地》,1985年获第五届中国电影金鸡奖最佳摄影奖,随后又获法国第七届南特三大洲国际电影节最佳摄影奖、第五届夏威夷国际电影节东方人柯达优秀制片技术奖。1987年主演影片《老井》,同年获第二届东京国际电影节最佳男演员奖。1988年获第八届中国电影金鸡奖最佳男主角奖、第十一届电影百花奖最佳男演员奖。这时候他还不是导演,而这可以算他职业生涯中的前半生。

"后半生"——从《红高粱》到《英雄》

1987年,张艺谋导演的一部《红高粱》,以浓烈的色彩、豪放的风格,颂扬中华民族激扬昂奋的民族精神,融叙事与抒情、写实与写意于一炉,发挥了电影语言的独特魅力,于1988年获第八届中国电影金鸡奖最佳故事片奖、第十一届电影百花奖最佳故事片奖、第三十八届西柏林国际电影节最佳故事片金熊奖、第五届津巴布韦国际电影节最佳影片奖、最佳导演奖、故事片真实新颖奖、第三十五届悉尼国际电影节电影评论奖、摩洛哥第一届马拉卡什国际电影电视节导演大阿特拉斯金奖;1989年获第十六届布鲁塞尔国际电影节广播电台青年听众评委会最佳影片奖。正是这部电影,让张艺谋成功地实现了从演员到导演的转型,并以一个成功导演的角色进入公众视野,奠定了张艺谋成功导演的地位。从此,张导便一发不可收拾,在经过一段艺术片的成功后,他又转向了商业大片,《英雄》等一步步商业大片的红火为他带来了巨大的声誉,并最终带他走到了中国电影旗帜的位置。

揭秘:张导成功发展轨迹

反观张艺谋的个人职业发展轨迹:插队劳动的农民→工人→学生→摄影师→演员→导演,一次次巨大的职业跳跃和转型才最终造就了一个成功的导演。接下来,让我们来一层层揭秘张导的成功发展轨迹,并由职业规划师进行点评。

生涯准备期

关键词:定位、积累

特殊的历史环境,使得年轻时的张艺谋未能上高中就插队当了农民和工人,很多人像他一样没有选择,但能像他一样坚持自己梦想的却不多。终于,在1978年,张艺谋以27岁的高龄去学习自己心爱的技术——摄影,为自己未来的转型进行积累。

生涯转型期

关键词:学习、坚持

重新进入课堂学习后,张艺谋老老实实地做起了摄影,虽然他的志向是导演,但他显然十分清楚自己要做什么。这个时候的他仍在学习,不是在课堂上,而是在实践中。当时,他拍摄的很多片子都是与当时已经很有名气的陈凯歌导演合作的,陈凯歌导演也可以算他半个师傅。他做摄影获奖的那部《黄土地》就是陈凯歌导演的。

生涯冲刺期

关键词:否定、准备

在《黄土地》获奖后,张艺谋有两个选择——继续作为一个已经很成功的摄影师或者转型开始做导演。然而,意料之外,他却做了另外的选择——做一名演员!并且也获得了一定的成功。不过也可以说,这实在是最明智的选择。要做导演,特别是要想成为较有建树的导演的话,当然最好能亲身体验过做演员的感受,才能在拍片的时候和演员们够契合。也许,这也是张导拍片每每能获得成功的一个缘由吧。

【任务小结】

本部分内容是大学生职业生涯规划的核心内容之一,在当前就业形势日益严峻的形势下,大学生自身职业能力与素养的强弱成为其能否就业的"分水岭"。作为一名合格的大学生,一定要非常清楚地把握目标职业所应具备的职业能力与职业素养的内容,并能够依据自身的实际情况,有效掌握提升能力与素养的方法与策略。

模块二 生涯决策与管理篇

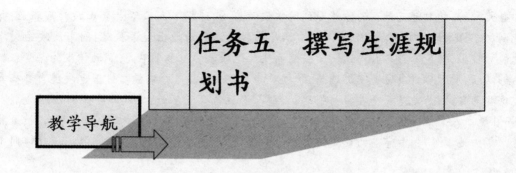

教	知识重点	职业生涯规划书的内容
	知识难点	职业生涯规划书的撰写
	推荐教学方式	案例与个性化指导相结合
	教学场所	多媒体教室或实训室
	建议学时	4学时
学	必须掌握的理论知识	了解职业生涯规划撰写的原则,把握职业生涯规划书的内容
	必须掌握的工作技能	撰写职业生涯规划书
	能力训练	学会职业生涯规划书的撰写,能够结合收集资料正确剖析自己与评估职业发展机会,并对未来发展提供具体的发展目标与方案
	考核方式	考核方式采取过程性考核与终结性考核相结合的方式。最终成绩=平时成绩×30%+职业生涯规划书×40%+生涯发展路径与行动方案×30%

【单元寄语】

莎士比亚曾说过:"人生就是一部作品。谁有生活理想和实现的计划,谁就有好的情节和结尾,谁便能写得十分精彩和引人注目。"每个人都有属于自己的美好愿望,而职业生涯规划就是让自己每天做的事情和美好愿望形成一个科学的紧密的连接。本部分主要阐述大学生职业生涯规划书撰写的流程、步骤和内容,通过学习我们都要认真地想一想:自己一生最高层次的追求是什么?怎么样才能更多地实现自己的人生价值?需要通过什么途径来实现?带着这些问题,现在就开始书写我们的人生规划吧!

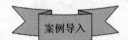

● 大学时，学习师范教育的方芳受到同学们的影响，选择了本来不太喜欢的教师职业，并为此制订了详细的职业生涯规划书。从事两年的教学工作后她出现了状况：同事反映她文字表达能力较强，但是不善与人沟通。学校领导认为她教学管理水平不高，调动学生的课堂积极性不够活跃，所带班级成绩也不够理想，学校对其工作表现不是很满意。方芳也发现自身确实存在这些问题，但是她是一个非常要强的人，别人说她什么干不好，她就非要干好证明给别人看，而且她本人又认为这些问题都是可以通过努力得以改善的。又经过三年的教学实践，虽然方芳很努力地工作，但教学能力还是没有显著的提高，学校综合考评后，把她调往行政部门工作。

● 读护理专业的王兰在大一时，师姐就告诫她一定要早早地决定将来是升学还是找工作，这样大学期间可以有针对性地做出努力，最后才能得到满意的结果。但是王兰不知道自己到底想要什么，并且认为时间还很充裕，不必马上做出选择。转眼间，大三的她不得不进行选择了，但她总是在这两种选择面前犹犹豫豫。最后，身边的朋友选择升学了，王兰就随波逐流，也决定升学，结果可想而知，王兰考试失败，并因为准备升学缺乏实习经验导致工作也不理想。回想她刚进入大学时师姐的劝诫，后悔没有早早地做出选择，导致自己现在的尴尬。

【问题】

以上这两位同学的问题产生的原因是什么？你认为应该如何处理？

其实，这两位同学都是在大学的生涯规划的制订过程中，没有根据自己的实际情况，而是受到同学们的影响，盲目地决定自己的职业发展，并且制订了职业生涯规划书，这种做法的后果可想而知。在现在社会，职业生涯规划已不再是一个陌生的名词，因此每个人都应该认真地设计一个属于自己的职业生涯规划书。

 练习：请同学们列出你短期学业规划的主要项目。

_____

_____

职业生涯规划书是职业生涯规划内容的书面化形式，规划内容和结果在规划过程中或规划后形成文字方案，有利于理顺规划的思路，提供操作指引，随时评估和修正。职业生涯规划书的基本内容架构是大致相同的，但职业生涯规划书的格式却有多样性。下面我们将从以下几个方面为同学们介绍一下生涯规划书的撰写。

一、撰写职业生涯规划书的意义

1. 大学生职业生涯规划书的概念

大学生职业规划书就是大学生通过自我认知、职业认知、所处环境分析，从而对自己的职业发展路径进行科学设计，并制订出比较具体的行动计划的书面文件。对大学生而言，是在自我认知的基础上，根据自己的专业特长、知识结构并结合社会环境与市场环境，对将来要从事的职业以及要达到的职业目标所做的方向性方案。

2. 职业生涯规划书撰写的意义

通过大学生职业生涯规划书设计制作,帮助大学生尽早树立职业规划意识、竞争意识和危机意识,引导大学生以科学的态度规划自己的职业生涯,主动采取积极行动,将职业规划的理论与实践完美结合。同时,还能对具体的学习和工作起到指导及鞭策作用,有针对性地加强职业能力培训,化"被动就业"为"主动择业",让大学生赢在职场起跑线上,成为抢手的职场新人。

二、职业生涯规划书撰写的基本原则

职业生涯规划书在撰写的时候应该遵循以下几个原则。

1. 量体裁衣原则

量体裁衣原则是做好职业规划应当始终遵循的原则,也是最重要的原则。职业规划前,不仅要对个体的内在素质,如知识结构、能力倾向、性格特征、职业喜好等进行全面的测评,而且要对个体外部的职业环境和职业发展的资源等进行系统地评估,既要考虑个体的职业发展动机,又要考察其成功的可能性,从而为个体设定相应的职业发展目标和具体的发展规划。

2. 可操作性原则

可操作性,主要包括目标的现实性、计划的可行性和效果的可检查性三个方面。在撰写生涯规划书的时候,需要思考你的生涯规划目标是否具有可操作性。作为护理专业的同学,如果你的职业生涯规划长期目标是成为一个科室护士长,你就要把这个规划分成几个中等的规划,如什么时候成为一个优秀骨干护士,什么时候成为一个病区护士长,然后再把这些规划进行进一步的细分,使它成为直接可操作的具体计划。

3. 阶段性原则

对职业生涯发展来说,人生的不同阶段承担着各自的发展任务,需要解决相应的发展问题。因此职业生涯规划应该结合个体的年龄特征,确定具体的发展方向,制订阶段性的发展目标。

4. 发展性原则

是指为个体设计职业规划时,不仅仅局限于个体当前的发展,而且要考虑到个体未来的职业发展空间,职业规划要有超前性和预测性。

三、职业生涯规划书的具体内容

撰写职业生涯规划书是一个不断补充、不断完善的过程,需每半年进行一次修改和完善。随着对自己不断地了解和对外部职业环境更深刻地认识,职业生涯规划书的内容也日趋接近现实与客观全面。下面是职业生涯规划书的模板,以此为模式,试着策划撰写自己的规划书。

1. 引言

引言主要写明自己对未来职业发展的认识与展望。

案例:英语教师职业目标的引言

2010年5月18日,第一次上"职业生涯规划课",第一次听说这样一句话"就业不应是毕业后才要考虑的,而是应该在迈入大学第一天就开始规划的。"第一次课后做了一项老师没有留的作业——提笔写下了一份简单的"职业规划书"。

小时候,一支粉笔头,一块小黑板,一个小板凳,精彩演绎了一个懵懂女孩"三尺讲台"的梦想。a、b、c，26个英文字母巧妙地组合，犹如天籁般的发音深深吸引了我，所以从小我就立志做一名英语教师。

也许这话听起来苍白无力，但是我相信，有了这份职业生涯规划的指引，有了我为梦想不懈地努力，终有一天，您会在三尺讲台上一睹我的教师风采。

2. 自我分析

根据测评报告，对自己进行多角度、全方位的分析，并填写自我分析表。

①职业兴趣：表明自己喜欢什么，根据霍兰德职业兴趣报告，找到自己适合做的职业代码。

案例：职业兴趣分析

"世界上没有完全相同的两片树叶"，每个人都有自己的兴趣和爱好，小时候曾幻想自己成为一个播音员，用声音与世界沟通，长大后梦想自己成为一个作家，用文字与世界接轨，成熟后梦想自己成为一个教师，用心灵与世界交谈，那么我的职业兴趣到底在哪里？

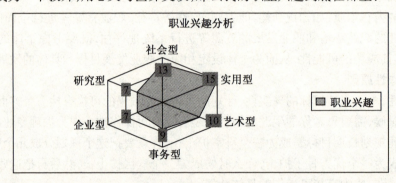

图2.5　职业兴趣分析图

通过霍兰德职业索引分析，我的职业兴趣代码是RSA，即实用型、社会型和艺术型。

表2.11　我的职业兴趣分析表

类型	喜欢的活动	典型职业
实用型	愿意从事实质性的工作，体力活动，喜欢户外活动，而不喜欢在办公室工作	工程师、商检员、报检员
社会型	喜欢与人合作，热情关心他人的幸福，愿意帮助别人成长或解决困难，为他人提供服务	教师，社会工作者，职业咨询师
艺术型	喜欢自我表达，喜欢文学	策划人员、编辑

从职业测评结果来看，小时候的梦想和我的职业兴趣还是有一定的吻合度。生活中的我为人诚实、善良，喜欢广交朋友，和周围的人相处融洽。喜欢做具体的工作，希望能很快地看到劳动成果；同时热爱文学写作和诗词鉴赏等一些富有诗情画意的艺术性东西；但有时过于追求完美，总想把每件事都做的尽善尽美，导致我总是在理想与现实之间挣扎，但往往还是屈服于现实，有时对自己和他人要求过于苛刻。在以后的生活中我应更着眼于现实。

②职业能力：表明自己能够干什么，根据职业能力测试报告，找到自己最擅长的工作。

案例：职业能力分析

知道自己喜欢做什么，还要清楚自己能干什么，最擅长什么，通过职业能力测试，我的职业能力分析表如下。

说明：五个等级的含义："1"为强；"2"为较强；"3"为一般；"4"为较弱；"5"为弱。

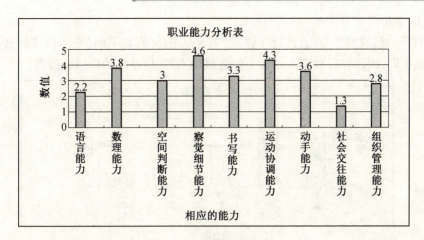

图 2.6 职业能力分析表

职业能力水平的高低可以反映一个人的职业发展潜力,了解自己相应职业能力的强弱,有利于我们在以后的工作中扬长避短,更好地发展自己。测评显示我的社会交往能力是所有能力中最强的,其次是语言能力和组织管理能力,而我所学的报关与国际货运专业正需要较强的人际交往能力和语言表达能力,这对我以后的工作将大有裨益,有利于我在做好本职工作的同时向管理层发展。但是其他方面的能力一般,尤其是数理能力和动手能力较弱,这会对以后的学习和生活产生影响,因此我要在以后的学习生活中着重锻炼自己这方面的能力,以免影响我的职业发展。

③个人特质:表明自己适合干什么,根据气质性格测试,找到自己气质性格中的优势与劣势,并知道如何发挥优势、抵制劣势。

案例:个人特质分析

曾经在一本书上看到这样一句话"人的一生会遇到四个人,第一个是自己,第二个是你最爱的人,第三个是最爱你的人,第四个是最适合你的人,也就是与你相伴一生的人。"往往最适合我们的就是那最好的。人了解自己喜欢干什么,能干什么,还要知道自己适合干什么,而我们的性格很大程度上决定了我们所适合的职业。通过 MBTI 测试得知我的性格类型是 ISFJ,即"内倾+感觉+情感+判断",具有的特征如下。

具体描述:为人忠诚、投入、慈悲,而且对他人的情感有敏锐的感觉。他们尽职,有责任感而且喜欢被人需要。喜欢安静而不摆架子的人。他们喜爱大量地吸收并运用事实。而且拥有对细节很强的记忆力,有耐心完成整个事情。愿意把事情清楚而明确地安排好。在工作时严谨而有条理。比较保守,有传统观念。很有绅士风度,有同情心,机智而且支持朋友和同事。喜欢关心他人并提供实际的帮助。在交谈时很热情,善待需要帮助的人。不愿意把个人情感表现出来,但实际上对大多数情况或事件都有很强烈的个人反应。

可能盲点:生活得过于现实,他们做每一件事都会小心翼翼从头做到尾,这使他们很容易劳累过度。需要让别人知道他们的需求和理想。

通过性格测试我认识到自己是诚实善良,责任心强,有耐心,喜欢助人为乐,但是有时过于小心谨慎,工作中有时可能对自己要求过于严格,给自己压力太大。

④职业价值观:表明自己最看重什么,根据澄清价值观的工作,找到自己最重要的工作价值观和生活价值观。

案例：职业价值观分析

"人固有一死，或重于泰山，或轻于鸿毛"每个人的价值观不同，心中向往的方向就不同，所追求的也不同，因而以后对家人和社会的贡献也不同，这是我的价值观列表。

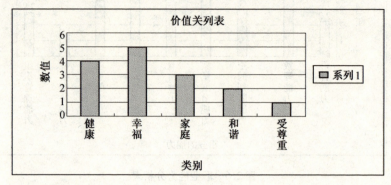

幸福：在我心里幸福的含义很广泛，家庭幸福，工作顺利，人际关系融洽，人才会感到幸福。

健康：身体是革命的本钱，只有拥有一个好的身体，才有实现梦想的基础。

家庭：家是一个人心灵依偎的港湾，一个人只有家庭幸福，才有可能拥有一个好的心态去做其他的事。

和谐：和谐是一种环境和气氛，在一个和谐的环境下生活，是一种享受。

受尊重：尊重是一种美德，我们每个人都想获得别人的尊重，受尊重是别人对自己的认可，是一个人价值的体现。

小结：通过价值观的分析我发现在学习和生活中我最看重的是幸福和家庭，希望能在一个和谐的家庭和工作环境里生活，能和周围的人相处融洽，感到愉快、自然，这对我就是一种极大的满足。在工作中希望得到他人的尊重和认可，工作的目的和价值在于直接为大众的幸福和利益尽一份力。因此，我比较适合做社会性的服务工作。

⑤胜任能力，即找到自己资源的优劣势。

案例：以报关专业为例的胜任能力分析

自我分析表

我的优势能力	我的劣势部分
1. 专业知识能力较强，在校期间考取了相关证书专业基础扎实 2. 积极参加学校组织的各项活动，参加假期社会实践，积累了一定的社会经验 3. 细心，有耐心，适合做报关员 4. 人际交往能力和语言表达能力较强	1. 遇事顾及太多，做事优柔寡断，多愁善感 2. 工作中过于追求完美 3. 有些时候会比较在意他人的建议或意见，导致效率不高

⑥自我分析小结：结合职业生涯规划测评和全方位的自我评价，最后总结并得出相应的结论。可以采用文字说明的形式，也可以用图表形式完成。

案例：护理专业学生的自我分析小结

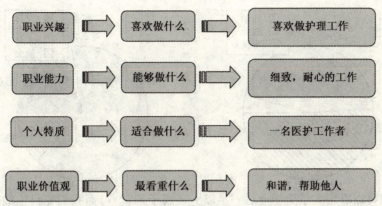

3. 职业分析

对影响职业选择的相关外部环境进行系统分析。

①家庭环境分析：包括家长期望、家庭文化对本人的影响。

案例：家庭环境分析

"家是温暖的床，家是避风的港湾"。我的职业环境分析首先从我的家开始，这是我人生的第一个舞台。那里有敬爱的爸爸，亲爱的妈妈，可爱的妹妹。父母均为农民，妹妹上小学。因为父母是农民，所以他们不希望我和他们过一样的生活，对于我的学业他们绝对支持，但是他们尊重我的选择，从不把他们的思想强加于我，从小到大只是提意见，讲道理，主意自己拿。父母的尊重让我有了充分的自主权。他们希望我以后可以拥有自己的职业，靠自己的双手生活。

②学校环境分析：包括学校特色、专业学习、实践经验等。

案例：学校环境分析

学校是我们的第二个家，是我们成长锻炼的地方，在这里我们不仅可以学到知识，还可以结交朋友，我的学校黑龙江农垦职业学院是一所具有近50年办学历史的公办综合性高等职业院校。学院全面实行学分制、弹性学制、"双证"制和创业教育。着力推动专业设置与行业企业需求对接、课程标准与职业资格标准对接、教学内容与职业岗位需求对接、教学环境与工作环境对接、教学过程与工作过程对接，形成了"弘扬北大荒精神，培养创业型人才"的办学特色。学院对报关与国际货运专业实施2+1，构建"工学结合、螺旋上升"的专业人才培养模式。我想，在这样良好的教学环境下，我会学好我的专业知识，拥有较强的专业技能，在激烈的社会竞争中为自己找到一个立足之地。

③社会环境分析：包括就业形式、就业政策、竞争对手等。

案例：社会环境分析

大学生就业难已不是一个新话题了，昔日的天之骄子，今天面临着沉重的就业压力，据统计2009年中国内地有610万的应届毕业生将走向就业市场，萎靡的就业市场能否承载庞大的就业大军？

大学生创业与就业

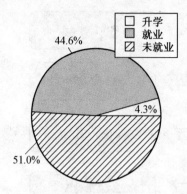
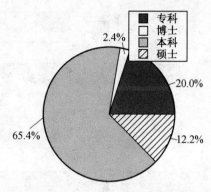

通过上图可以看出大学生毕业后一半以上是属于未就业,而我们专科生的就业率远远不如本科。面对这种严峻的形式,国家也出台了相应的政策,如鼓励和引导高校毕业生到城乡基层就业、强化对困难高校毕业生的就业援助、对困难家庭的高校毕业生可根据实际情况给予适当的求职补贴、鼓励高校毕业生到中小企业和非公有制企业就业、鼓励骨干企业和科研项目单位积极吸纳和稳定高校毕业生就业、鼓励和支持高校毕业生自主创业、鼓励高校积极开展创业教育和实践活动。

面对这种形式我们大学生应首先从自身做起,努力学习专业知识,同时合理利用国家的优惠政策,在严峻的就业形式下努力找到合适的岗位。

④职业环境分析包括以下几种。

a. **职业分析**:包括工作职责、工作性质、工作要求、发展前景、人岗匹配分析。

案例:以教师职业为例的职业分析

	教师岗位职责
工作职责	教师是学校教育工作的主要承担者,在教务处安排下,负责贯彻、实施学校的教育计划,通过教师富有个性的创造性劳动,把学生培养成为合格的企业预备人才。为了更好地规范教师教学行为,特制订以下教师岗位职责: 1. 自觉提高自身从业素质,以优秀的思想、理论,扎实的专业知识武装自己。学高为师,身正为范。勤奋工作,教书育人 2. 承担各类教学任务。编制学期授课计划、备课、授课、课外辅导与答疑、作业布置与批改、组织学生参加学业评价(阶段测验、期中、期末考试、学期补考、校内外统考、技能鉴定等)并做好教学分析,及时报送各类教学资料 3. 参与实验室建设、开设实验、指导学生参加各类生产实习、社会调查、毕业设计、第二课堂,并做好评价 4. 参与同业交流,主动听课,积极参加教研活动,热心教改;承担教研课题、制订或修订教学大纲、撰写教研论文或学术著作;参与专业建设 5. 参与并完成学校指派的业务进修,师资培养,主动拓展第二专业,争取一专多能 6. 承担学生管理工作和班主任工作,教研组长工作,学校、教务科临时指派的工作
工作主要考核点	课时业绩、质量业绩、育人业绩、科研业绩
需特别注意的方面	工作态度与工作责任心

续表

工作禁忌	体罚、辱骂学生	
工作接口	相关部门	工作内容
	教务处、教学班级、学生处、培训部	教书、育人、就业指导
职业发展	成为师德水平高、业务技术精、有较强科研能力,在同行中有一定影响,广受学生欢迎的教坛名家	
任职要求	1.师德要求:身正为范。足以承担培养企业未来合格员工、国家未来合格公民的重任 2.学识要求:学高可以为师。理论课教师本科以上学历,实验实习课教师专科以上学历 3.职业综合素养要求:普通话语文老师二甲,其他老师二乙;英语理论老师国家四级、英语教师专业四级以上、实验实习老师国家三级以上;计算机应用能力,省二级以上;具备一定的课件制作能力;实验实习老师技能等级中级以上 4.形象要求:身高男160CM以上,女150CM以上,大方,气质佳,有较好亲和力	

b.地域分析:包括工作城市、发展前景、文化特点、气候水土、人际关系、人域匹配分析。

案例:地域分析

我生长在北大荒,我对这里的地域、风土人情非常了解,作为第三代北大荒人我愿意用我的知识更好地开发建设北大荒。所以我将目标企业选择了垦区的农场。

目标企业:建三江分局前锋农场。

前锋农场位于黑龙江省东北部抚远县境内,拥有职工2200人。现有十六个农场生产单位,场直服务体系配套齐全。农场已经成为农、林、牧综合发展,贸工农并举,年生产粮食10万吨,实现国内生产总值1.2亿元的大型国有企业。

农场聘任会计人员要求:(简写)

①思想积极,党员优先

②走"三支一扶"通过考试才能成为农场会计

③人才引进工作贯彻实施总局党委"人才强垦"战略(要求最低学历为专科生)

④有初级会计职称(具有上岗证且专业过硬者也可)

⑤职业分析小结:是对前述职业分析的一个总体概括,并由此得出相应的结论。可以采用文字说明的形式,也可以用图表形式完成。

案例:以教师职业为例的职业分析小结

家庭、学校为我通往目标职业铺平了道路,国家政策、行业的良好发展趋势为我提供了机遇,新时期对教师提出的新要求为我指明了奋斗的方向。然而目标企业的高要求迫使自己将步步紧跟目标企业动态,将其作为自己的行动准则,使自己与岗位形成完美的匹配。在新的浪潮中,我将市场需求和国家政策为导向,达到时代对职业的发展要求,为毕业后更好地奋斗在自己的工作岗位上而积极准备着。

4. 职业定位

①SWOT 分析:结合第二部分(自我分析)、第三部分(职业分析)的主要内容,运用 SWOT 分析技术,总结出 SWOT 分析图。

内部因素	优势(S)	劣势(W)
外部因素	机会(O)	威胁(T)

案例:以工程造价专业为例的 SWOT 分析

内部个人因素	优势分析(Strength): 做事认真、踏实,有浓厚的学习兴趣和一定的实力,尤其对工程造价方向的职业具有浓厚的兴趣;具有较强的动手实践能力;乐观积极地生活的态度,善于发现生活积极乐观的一面;富有极强的责任心和耐心,且喜欢从事相关的工作;逻辑思维缜密,条理性非常强,创新意识强烈,分析问题能力突出	弱势分析(Weakness): 办事不够细腻,有时候考虑问题不够全面;做事不够果断,尤其事前做决定的时候犹豫不决;做事有时比较拖拉,不够雷厉风行
外部环境因素	发展机会(Opportunity): 建筑工程行业发展迅速,潜力巨大;未来就业领域宽广,建筑工程行业对人才的要求越来越多;家中父母均从事相关行业工作	阻碍威胁(Threat): 距离毕业还有一年的时间,各种准备还不够充分,自身实力水平还有待提高;公司及用人单位对毕业生的要求提高,更需要有经验的人才,个人实际工作经验不足
职场中自身的亮点:对行业有着浓厚的兴趣,较强的动手实践能力和创新意识		
总体鉴定:通过以上分析,可以看出我具有从事建筑工程行业的专业潜力和基本素质,优势与机会大于劣势和威胁。建议在今后的一年中寻找建筑工程专业相关实习机会,为就业做准备		

②分析结论。是针对前述 SWOT 分析最终得出自己职业方向与具体职业发展路径的表述。建议使用结论表。

案例:护理专业学生的结论表

结论表

职业目标	将来从事:<u>医疗卫生</u> 行业的护理职业。
职业发展策略	进入综合医院类型的组织或到<u>北京</u>区域发展。
职业发展路径	走管理路线(专家路线)
具体路径	实习护士——见习护士——经验丰富护士——骨干护士——病区护士长——科室护士长——护理部主任
备注	如果在合适的机会,也会从事专家路线

5. 计划实施表

计划实施是对职业生涯规划目标的一个具体实施形式的表述,可以采用图表或是文字形式表述。

案例：表格式计划实施表

计划名称	时间范围	总目标	分目标	计划内容	策略与实施	备注
短期计划（大学三年计划）	2012年9月~2015年7月	大学毕业时达到的目标	大一 大二 大三	专业知识方面，专业能力方面，职业素养方面，职业实践方面	例如：大一以适应为主，大二以专业学习、技能培养为主，大三以实践动手为主	大学生涯规划的重点
中期计划（毕业后五年）	2015年8月~2020年8月	毕业五年达到的目标	第一年 第二年 第三年 第四年 第五年	职业场适应，三脉积累（知脉、人脉、金脉），岗位转换及升迁	例如：走技术路线，以一技之长占有一席之地	大学生涯规划的重点
长期计划（毕业后五年以上的计划）	2020年9月至……	毕业后十年达到的目标	毕业五年以下时	事业发展，工作生活关系平衡，身心健康，心灵成长，子女教育	例如：先立业后成家，家为坚实的后方，努力经营，争取生活、事业、爱情三丰收	方向性规划

6. 评估调整

职业生涯规划是一个动态过程，由于社会环境、家庭环境、组织环境、个人成长曲线等变化以及各种不可预测因素的影响，一个人的职业生涯发展往往不是一帆风顺的，必须根据实施结果的情况以及相关因素的变化进行及时的评估与修正。

1）评估内容

①职业目标评估（是否需要重新选择职业？），类似的想法有：
假如一直……，那么我将……
②职业路径评估（是否需要调整发展方向？），类似的想法有：
当出现……的时候，我就……
③职业策略评估（是否需要改变行动策略？），类似的想法有：
如果……，我就……

2）评估时间

一般情况下，定期（半年或一年）评估规划一次。
当出现特殊情况时，最好随时评估并进行相应的调整。

3）规划调整的原则

遇到障碍时，抱怨是最不应该的，只有方案是不够的，要踏踏实实做事，领导不会花时间看你的方案可行不可行，而要看你具体做什么。

案例：调整评估部分的分析

职业生涯规划是一个动态的过程，根据实施结果的情况以及实施的变化要及时修正。

①动态分析调整。如果我不能立即完成我的梦想,那我会继续完善自己,待时机成熟,我会义无反顾地继续完成我的梦想。

②备选规划方案。就业——成人高考或自考(在职学习)——提高知识技能水平——积累社会工作经验,加强医疗救助知识,考取无线电操作证,急救证——成为黑龙江省蓝天救援队的骨干力量——公益事业的工作人员。

③调整目标:每次的调整都不会影响我最终的目标,只是途径不同,接近目标的方法不同。
调整时间:根据实际情况,对时间进行提前或延后的调整.每半年调整一次。

案例:结束语

每人都有一个美丽的梦,为实现这个梦每个人都在孜孜追求。成为一名优秀的财会人员,是我的梦想。直到今天,为了实现最初的梦想,我S依然在前进,依然在奋斗,不管将来的人生会有多大的变数,实现梦想的目标一定是最美的。

四、职业生涯规划书的撰写要求

1. 资料翔实,步骤齐全

收集资料有多种途径,首先考虑使用学校规定的北森职业规划测评系统的测评资料;其次可以通过人物访谈、从报刊图书中摘抄、上网下载等方式获取资料,要尽可能注明资料的出处,并多运用图表数据来说明问题,以提高资料来源的可信度和说服力。步骤主要分为以下四步。

①分析需求,分析条件及目标设定。
②分析阻碍和可行性研究。
③设计方案和提升(改变)计划。
④制订详细的实施计划和措施。

2. 论证有据,分析到位

要了解有关的测评理论及知识,认真审视并思考自己的测评报告并对照自我认识与测评结果的异同,分析与测评结果形成差距的原因,从而确定自我评估结果,达到"知己";要理清自己所处的地理环境(包括居住的地方、喜欢的地方、亲朋的意见等),明确自己最大兴趣是什么、最喜欢与之共事的人的类型、最重视的价值与目标、最喜欢的工作条件是什么,再通过目前环境评估(社会影响、家庭影响、学校因素、就业形势等)和当前社会环境分析(组织环境分析、技术的发展、经济的兴衰、政策法规的影响等)来确定自己的职业方向,做到说理有据,层层深入。

3. 言简意赅、结构紧凑、重点突出、逻辑严密

语言朴实简洁,用词精练准确,行文流畅,条理清楚,这是最基本的写作要求。撰写时还应密切注意整篇文章的结构和重心所在。职业生涯规划书一般包含对职业规划的认识、对自我的剖析、对所学专业的认识、对职业方向的探索及确定目标并制订计划这五个方面的内容。在对这些内容进行分析阐述时,必须紧紧围绕职业目标这条主线来展开,从而体现文章论述的逻辑性和连贯性。要将重点放在自我评估、环境评估、目标实施上。职业生涯规划是自己将来的规划,这个规划只有建立在对自我和职业的充分认识的基础上才能体现出它的科学性和可行性。

4. 目标明确,合理适中

撰写职业生涯规划书应围绕论述的中心展开,职业生涯目标不能过于理想化,应"择己所爱"、"择己所长"、"择世所需"、"择己所利"。职业生涯规划书撰写是否成功,在很大程度上取决于有无正确适当、切实可行的目标。

5. 分解合理,组合科学

目标分解、实现路径选择要有理论依据,而且备用路径之间要有内在联系性。目标组合要注意时间上的并进、连续,功能上的因果、互补作用,全方位的组合要涵盖职业生涯、家庭生活、个人事务等方面。

6. 格式清晰,图文并茂

一份好的职业生涯规划书,不但要在内容上丰富、充实,而且要在形式上给读者留下深刻美好的印象,这就要做到格式清晰,图文并茂。

五、职业生涯规划书实训项目

1. 实训项目职业生涯规划展示——规划精彩人生、打造锦绣前程

(1)实训项目

帮助大学生明确学习目标,促进学生树立职业意识,从观念、心态、技能等方面做好应对竞争压力和职业挑战的准备,更好的适应市场经济对人才的要求。

(2)实训内容

①制作生涯规划展示使用的资料。(包括视频、ppt、背景音乐和相关职业规划的内容)。

②准备职业生涯规划作品。(自我认识、自我定位、职业定位、自身和社会需求分析、短中长期职业生涯目标设定、实施行动计划制订、评估和反馈等。可根据自身实际情况增加其他项目。)

③搜集关于演讲内容的资料。

④参考《职业生涯规划》。

a. 设立主持人两名。

b. 计算机操作员一名。

c. 嘉宾评委(由学生自行协商确定)。

(3)场地要求

①生涯规划展示选手结合自己的实际情况与社会需求,从专业、就业、职业等方面,按照"自我认知、职业认知、职业规划设计"三大步骤来进行职业生涯规划设计。

②活动将以合适性、合理性、真实性、逻辑性、创新性作为主要评价标准。

特别提示:生涯规划展示的主要以近期目标规划为重点,近期目标规划指大学期间和毕业后五年内的职业生涯规划。

③展示学生应身穿职业装,在音乐伴奏下亮相,依次作自我介绍,并宣读自己的生涯规划展示的主题。

具体要求:

a. 学生上台利用视频或者 PPT 展示,自我介绍每人不超过 1 分钟。

b. 职业生涯规划作品,对职业定位、实施措施等作详细陈述,每人 6 分钟。

c. 个人职业生涯规划作品要求用 word 制作,作品格式按照附件的作品模式制作,力求形式新颖、个性鲜明、彰显自我。

d. 职业生涯规划作品参考内容:自我认识、职业认知,自我定位(职业定位)、短中长期职业生涯目标设定、实施行动计划制订、评估和反馈等。

e.嘉宾或老师现场提问,回答时间每人30秒。

(4)考核方式

①评分原则:以公平、公正、公开为原则,每场比赛由6名评委组成——个人得分总分50分。

②评分说明以及标准:五十分制。

a.自我介绍与演讲(20分)。

要求:新颖、有创意,画面清晰,ppt精巧,(5分);演讲时的语言表达:讲普通话,声音洪亮,口齿清晰,语速语调适中,5分;表达自然、流畅、无明显停顿,语句通顺,措辞恰当,语言组织畅达,5分;富于激情,善于引导现场观众,肢体语言恰当、丰富,能够感染他人,5分。

b.职业生涯规划作品(20分)。

要求:作品完整性,5分;内容完整,对自我和外部环境进行全面分析,提出自己的职业目标,发展路径和行动计划;作品思路与逻辑,10分;职业规划作品思路清晰,逻辑合理,能准确把握职业规划设计的核心与关键;作品美观性,5分;格式清晰,办事大方美观,创意新颖。

c.解答问题(10分)。

要求:思路清晰,层次分明,逻辑性强,突出问题重点,10分。

【案例解析】

高山的职业生涯

下面记录的是高山的目标与发展历程:

(1)18岁,高中毕业典礼上:我发誓要当李嘉诚第二!我要当中国首富(好大的口气)!

(2)20岁,春节老同学团聚会上:我想创立自己的公司,30岁前拥有资产2000万。

(3)23岁,在某市工厂当技术员,第二职业是炒股:我正在为离开这家工厂而奋斗,因为在这里工作太没前途了。我将全力炒股,三年内用5万元炒到300万元(似乎有点实现的可能)。

(4)26岁,炒股失意而情场得意,开始准备结婚:希望一年后能有10万元,风风光光地结婚(挺现实的想法)。

(5)28岁,不太风光的结婚典礼上:不久的将来当个车间主任就行,别的不想了(是不是结婚都会使人成熟)。

(6)30岁,所在工厂效益下滑,偏偏正是妻子怀孕的时候,希望这次下岗名单里千万不要有我的名字。

【任务小结】

通过本部分内容学习,大学生应该把握职业生涯规划书撰写的步骤、内容,以及相关内容阐述与分析,掌握职业生涯规划书撰写的技巧,以及撰写过程中应该注意的问题,等等。一本好的生涯规划书不仅是一个大学生活的规划与蓝图,而且也是一个成功职业人生的开始。

附 录

附录 A 几种常用的能力测量工具

关于测评工具的简介

目前应用于选拔性考试中常用的测评工具主要有以下几种。

1. 面试

面试是通过与考生之间面对面的交流,深入了解考生的素质和能力的一种甄选方法。优点是不仅可以评价出考生的学识,还能考察出学生的能力和个性特征等。面试的缺点是主观性大,评判标准难以控制,而且比较费时费力。

根据面试考官人数的多少,可以将面试分为以下几种面试方法。

①个人面试法。个人面试法是考官与考生一对一单独面谈的方法。这种方法可以让双方较深入地了解,但是也有可能造成偏差。

②集体面试法。集体面试法就是由面试小组成员集体对考生进行面试的方法。这种方法可以减少因考官个人偏见而产生的误差,但是容易给考生造成压力。

③逐步面试法。逐步面试法是将考官按照由低到高的顺序排列,依次对同一应试者进行面试。面试的内容一般是低层次考官考查专业知识为主,中层次考官以考查能力为主,高层次考官则进行全面考查。缺点是比较费时费力。

根据结构式与否的分类,可以将面试分为以下几种方法。

①结构式面试法。面试由考官根据事先安排好的问题对考生进行提问,根据应试者的回答情况进行评分。

②非结构式面试法。面试考官根据具体情况随时提问,再根据考生对问题的反应,考查他们各个方面的能力。

③混合式面试法。这种面试法将结构面试和非结构面试结合起来运用,即考生回答同样的问题,但同时又根据他们的回答情况作进一步提问,以求更加深入、细致地了解考生。

④模式化行为描述面试法。模式化行为描述面试法是通过结构化提问的形式,将考生的行为进行归纳,评价其各个方面的能力。

2. 笔试

笔试是考评考生学识水平的重要工具。笔试的优点是一次能够出十几道乃至上百道试题,考试题目取样较多,可以有效地测量被测试者的基本知识、专业知识、综合分析能力、逻辑推理能力和文字表达能力等素质的差异。但是不足主要表现在不能全面考察考生的品德修养、组织管理能力以及口头表达能力等。因此,它必须结合其他的测试方法来取长补短。

①评估中心法

评估中心法又称为情景模拟法。由各种不同的测评方法相互结合在一起(如:公文处理、管理游戏、角色扮演、无领导小组讨论等),通过评估考生在相对隔离的环境中的一系列活动,以团队作业的方式,客观地测定考生的能力。

②心理测验法

心理测验是通过观察考生的少数具有代表性的行为,对于贯穿在考生的行为活动中的心理特征,依据确定的原则进行推论和数量化分析的一种科学手段。心理测验领域已经出现明显的计算机化趋势。它主要包括:智力测试、个性测验、心理健康测验、创造力测验等。

作为一种常用的素质测评方法,面试广泛地用于各类选拔性考试中。面试以考官评判的直观性、测评内容的灵活性和双向交流的互动性等特点在选拔中起着重要作用。

附录 B 部分创业网站

1. 大学生 KAB 创业教育网
2. 全国大学生创业服务网
3. 中国创业培训网
4. 黑龙江省人才资源和社会保险厅网
5. 黑龙江省人才网
6. 黑龙江省青少年创业就业网

附录 C 部分求职网站

1. 中国人力资源网
2. 中国成都人才市场
3. 中国人才盟网
4. 科锐人才网
5. 东方人才热线
6. 三九人才网
7. 搜狐求职
8. 英才广场
9. 千里马人才网
10. 浦东人才网
11. 中国出国人员服务总公司
12. 求职频道
13. 无忧工作网

14. 卓博人才网
15. 网易求职频道

附录 D 职业生涯规划书范例

个人资料

姓名:王苗苗

性别:女

年龄:22

籍贯:安徽省安庆市

身份证号码:340826198912090320

所在赛区:黑龙江省哈尔滨市

所在学校及系部:黑龙江农垦职业学院经济管理系

学号:0106090403

联系地址:黑龙江农垦职业学院经济管理系09会计电算化四班

邮编:150025

邮箱:wowangmiaomiao126@.163com

联系电话:15846349536

人生态度:美美地微笑,勇敢地做自己。

十年后的我

我想成为一名舞者,舞动美丽的身姿,闪耀在人生的舞台上;我想成为一名演员,拍出不朽的传奇,演绎精彩的人生;我想成为一名空姐,翱翔彩云之端,着落世界各地;我想成为……这些都曾是我儿时的梦想,如今我是一束漂流的野百合,还在寻找那块可以让我从此驻足仰望星空的土地。我努力吸收土壤的养分,接受阳光的照射,冲破风雨的阻碍,忍住黑夜的寂寞,不断丰满自身的根须,最后选择最高最肥沃的土地,扎根绽放。终有一天我相信我会站在山之巅、海之角,绽放最美丽、最娇艳的笑容。

我的大学,我的梦。从我踏进大学校门那一天、选择会计电算化专业那一刻、拿起基础会计书本的那一秒起,我便开始扬帆起航,开启了通往野百合春天之门的征程。剩下的就是坚持、坚持、再坚持;努力、努力、再努力!最终圆梦,成为一名中国500强企业的CFO(财务总监)!

一、自我分析——等待成长的种子

我是一颗寻梦的种子,从长江边飘落在松花江畔。生活的艰辛,并没有让我忘记自己是谁;时间的流逝,并没有让我忘记自己最初的梦想。从飘落的那一刻起,我便开始了追逐梦想的探索历险记。

1. 霍兰德职业兴趣分析——我是一粒什么种子?

我的家乡远在长江岸边,那里有名动中外的黄山,那里有造就了三十年河东三十年河西这一箴言的小孤山,而我却为了梦想飘落在远在几千里之外的冰城——哈尔滨。我一路颠簸,也曾一度迷惑,不知道自己是一颗什么种子,所以我要打开自己薄薄的皮肤,看看我到底是谁。霍兰德职业兴趣分析是剖析个人职业兴趣的职业测评,我的人才素质测评报告中,职业兴趣前三项是 S(社会型),C(事务型),E(企业型)。

表1 霍兰德职业兴趣分析表

类型	喜欢的活动	典型职业	实践证明
S(社会型)	喜欢与人合作 热情 关心他人 愿意帮助别人成长和帮助别人解决困难 为他人提供服务	会计师 社会工作者 咨询师 法律顾问	积极参加各种活动并与同学一同创建了《职业生涯发展协会》,为别人提供一些帮助,与他们一同成长
C(事务型)	喜欢固定 有秩序的工作或活动 希望确切地知道工作的要求和标准 对文字、数据和事物进行细致有序地系统处理以达到特定的标准	会计师 银行家 税务员 办事员 文字编辑	因为喜欢有秩序的生活,所以我对自己的生活总是提前做一些详细计划,有一本自己的日记本,记载我生活轨迹
E(企业型)	喜欢领导和支配别人 通过领导、劝说他人或维护自己的观念、产品而达到个人或组织的目标 希望成就一番事业	律师 会计主管 财务总监 总经理	大学期间担任团支书,系办团总支编辑部副部长,职业生涯发展协会秘书长。大一期间,作为活动的主力组织者两周组织开展一次有意义的班级活动,获得老师的好评和同学们的支持

小结:根据我的霍兰德职业兴趣分析,我是一颗能带动群体,充满生活激情,喜欢攀登高峰,追求理想,力求实现自我价值的种子。

2. 职业能力与专业能力——我体内的能量有多强?

能量的大小影响潜力的爆发,我具备什么能力?我的能量有多大呢?

表2 能力测评表

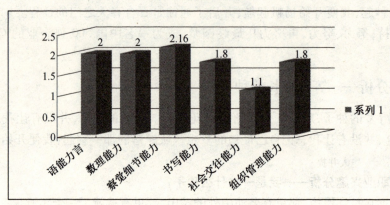

注明：职业能力测试评定采用"五级量表"，"1"为强、"2"较强、"3"一般、"4"较弱、"5"弱。评定可以有小数点，以整数为评定标准。

依据测评我的主要基因特质如下所示。

（1）社会交往能力（1.1）强

善于人与人之间的相互交往，相互联系，相互帮助，相互影响。从而协同工作或建立良好的人际关系。

（2）组织管理能力（1.8）强

擅长组织和安排各种活动，以协调参加活动中人的人际关系的能力。

（3）书写能力（1.8）强

对词、文章、语言、表格等材料的细微部分具有正确知觉的能力，善于发现错字和正确地校对数字的能力。

（4）数理能力（2）较强

迅速而准确地运算以及在准确的同时，能推理、解决应用问题的能力。

（5）语言能力（2）较强

对词及其含义的理解和使用能力，对词、句子、段落篇章的理解能力，以及善于清楚正确地表达自己的观念和向别人介绍信息的能力。

（6）察觉细节能力（2.16）较强

对生活、工作中每一件事情都能观察细致入微。

根据探测的基因特质显示，我是一颗能量很强、生命力顽强、成长迅速、潜力很大的花种。

专业能力分析：

高端素质人才必须有专业知识作为基奠，才能胜任企业高管工作。

我现在有的专业证书：会计从业资格证书、初级会计师证书、国家二级计算机证书。

现在正在努力考取的证书：注册会计师、中级会计师、高级会计师、英语四级证书。

我相信，通过我的努力，等我走上社会时，我的专业知识与工作能力能达到一定的高度！

3. 个人特质——我代表的是什么花语？

每种花都有各自代表的意义，大自然赋予他们不同的花语，例如玫瑰代表爱情；仙人掌代表坚强；那么我代表的花语是什么呢？

通过MBTI探索我的花语，如下是我的特质测评。

ISFJ 内向，感觉，情感，判断

○ISFJ型的人忠诚、投入，而且对他人的情感有敏锐的感觉。他们尽职，能坚定不移地承担责任。做事贯彻始终，不辞辛劳和准确无误，替别人着想，细心，关心别人的感受，努力营造一个有秩序的环境，和谐的工作，做事有条不紊。

○ISFJ的人是现实的，他们喜欢安静而不摆架子。他们喜爱大量地吸收并运用事实，而且拥有对细节很强的记忆力，他们有耐心完成整个事情。

○ISFJ型的人愿意把事情清楚而明确地安排好。他们在工作时严谨而有条理。他们在做决定时能运用客观的判断和自己杰出的洞察力。他们很有绅士风度，有同情心，机智而且支持朋友和同事。他们喜欢关心他人并提供实际的帮助。他们在交谈时很热情，善待需要帮助的人。他们不愿意把个人情感表现出来，但实际上他们对大多数情况或事件都有很强烈的个人反应。

我的 MBTI 显示我代表的花语是顽强、热情、积极、努力、原则、敢作敢为、忠诚、敏捷。这些大自然赋予的特质注定了我能成为一个管理者。

4. 职业价值观——我的追求是什么？

我的追求我的梦，梦想需要一个引航者，那我的航标灯是什么呢？我最看重的是什么呢？

独立性：充分发挥自己的独立性和主动性，按自己的方式、步调或想法去做，不受他人的干扰。

舒适：希望能将工作作为一种消遣、休息或享受的形式，追求比较舒适、轻松、自由、优越的工作条件和环境。

人际关系：希望一起工作的大多数同事和领导人品较好，相处在一起感到愉快、自然，认为这就是很有价值的事，是一种极大的满足。

我选择了独立思考，环境舒适，团队合作的成长条件，独立代表的是思想独立，不人云亦云，有主见，但并不代表我刚愎自用，我会倾听大家的意见，具有团队意识强，与大家共同努力，完成任务。

5. 360 度测评——花友评赏

我的身姿有多美？我的缺陷在哪里？

表3 360度测评表

	优点	缺点
自我评价	对待每一件事都积极认真，有上进心，乐于助人，为别人思考，责任心强	心理素质不够稳定 过于原则
家人评价	乖巧，从小就比较懂事，独立，能独自生活，做事沉稳，为别人着想，有同情心	不太喜欢把心里话说出来，总喜欢默默地做事，默默地关心别人
老师评价	吃苦耐劳，有自己的想法，善解人意，为别人思考，有责任心，积极向上	任性，毅力不够
亲密朋友评价	做事有始有终，敢尝试新的事情，热情，精力充沛，敢作敢当，有领导风范，有志向	性格倔强，把不开心的事放在心里不易释放
同学评价	大方活泼，有爱心，好强，爽快，充满活力，有朝气	说话直白，不委婉

从花友对我的评价中可以看出，我具备一个财务管理领导者的素质，理智冷静，有责任，积极向上，志向高远。但是也存在缺陷，容易被自身的个性特质所束缚，所以要接受风雨洗礼，改变成更圆润，精致的花种。

6. 自我分析小结——我是野百合

我是一颗饱满、富有激情、期望成长的种子，体内孕育、潜伏着强大的能量，像夏天的棉花一样，成长迅速，在空旷幽深的大地中散发暗香，带有积极、热情、豪迈的气息，一路披星戴月，删选生存条件，为以后的生存与繁衍寻找终点，在旅途中，我反省自己，与花友们讨论研究我的美丽与缺陷，给我的生命定位，我终于知道我是什么花了？我想绽放的笑颜是怎样的？哦，原来我是一株野百合，顽强、独立、坚韧、好强。我要成为花卉领域的管理者，我要做大自然的

CFO(财务总监)。

二、外部环境

1. 家庭环境——温暖的阳光

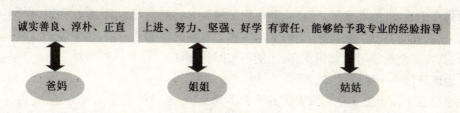

图 1　家庭环境

2. 学校环境——肥沃的土壤

黑龙江农垦职业学院坐落于美丽的冰城哈尔滨利民开发区学院路大学城,周边有多所高校,有着浓厚的学习氛围,我所学的电算化专业是学院自建校以来的精品重点专业,有强大的专业教学团队,传承北大荒人的精神!

北大荒精神是艰苦奋斗、勇于开拓、顾全大局、无私奉献。

核心课程:基础会计、财务会计、成本会计、电算会计、财务管理、税法、审计学原理、经济法、财务报表编制与分析等。

特色教育:会计岗务实务——在校模拟公司年度记账实训。

雄厚的师资队伍:会计电算化刘福春 2008 年被评为院级优秀教学团队,会计电算化专业的许淑云 2010 年被评为省级优秀教学团队,2009 年省级精品课程会计岗位实务——刘福春,2010 年省级精品课程会计信息化——张海鹰。

实习基地:哈尔滨嘉信会计师事务所、哈尔滨龙博会计师事务所、哈尔滨市嘉信代理记账有限公司。

学校为适应社会主义市场经济、现代化管理和会计岗位的需要,及德、智、体、美等方面全面发展的要求,培养有会计专业理论知识,又有较强的专业技能和良好的职业素质,适应公司、企业、事业单位财务与会计核算、审计、经济管理等工作岗位的高技能应用型人才。

3. 社会环境——暴风雨的降临

根据劳动和社会保障部科研所的数据显示,我国"十一五"期间计划年均新增劳动力需求总量为 1 800 万,但"十一五"期间每年新增劳动力供给为 2 000 万,每年将新增 200 万富余劳动力,根据中国人事科学研究院《2005 中国人才报告》预计,到 2011 年我国专业技术人才总供应量为 4 000 万,而需求总量为 6 000 万,以两项数据表明,我国劳动总体富余,但是专业技术人才仍将出现供不应求的局面,专业人才具体表现在第一、第二、第三产业。数据表现,第三专业人才缺口 325 万,该产业将扩大就业机会,一些高端涉外人才需求很大,比如涉外会计,律师,金融服务等。

4. 职业环境——职业市场,优胜劣汰

经济的快速发展,各种小型企业的发展,会计人员迅速增长,初级会计已经达到饱和状态,中级会计也不再稀缺,但是高级会计,注册会计师等高技术人员还是非常稀缺的。上市公司越来越多,CFO 在每一个上市公司或大型企业中担任调控一切经营活动,对公司重大投资、融资、并购等经营活动提供财务建议和决策支持,参与风险评估、指导、跟踪和控制;负责公司领域财务管理及财务监控体系,对公司年度预算、资金运作等进行总体控制主持编制、审核各类规范的财务报表,为公司决策提供及时有效的财务分析模型。这些都需要很强的专业知识水平。

时代在进步,经济在发展,经济全球化慢慢成为时代的发展方向,要在知识时代生存,就必须丰满羽翼,充实自己的脑袋,学习更多的知识。有那么一句话,科技越发展,人们在学校的时间越长,其含义就是学习的知识更多,才能不被时代淘汰。

5. 地域环境——地域优势选择

我生长在中国历史文化名城安庆的一个小镇上,那是黄梅戏曲的发源地,文人气息浓厚,也是长江沿岸著名的港口城市,经济发展迅速,我希望毕业后能先回到我的家乡合肥工作。合肥是安徽省省会,全省政治、经济、文化、科教、商贸、交通和信息中心。全国重要的科研教育基地、现代制造业基地和区域性交通枢纽,长江中下游重要的中心城市之一。

在2010年中国城市竞争力排行榜中,合肥位居全国第22位,与沈阳、南京、长沙等一起位列全国10个最具潜力的二线城市行列。合肥正处于高速发展阶段,经济方面人才的缺乏,给我带来了机遇,并且我适应那里的文化环境、社会环境与气候环境,所以我选择合肥是有一定正确性的。

6. 企业分析——企业与职位的人才标准

企业一:合肥开元信德会计师事务所有限公司安徽分所

企业简介:

> 开元信德会计师事务所有限公司是一家已有20多年延续历史的大型会计师事务所,具有证券审计、证券评估、国有大型企业审计、高新技术企业认定、税务咨询、工程造价、土地评估、司法鉴定等执业资格。开元信德由始建于1985年2月的湖南开元会计师事务所与1992年3月创办的深圳天健信德会计师事务所和湖南天兴会计师事务所合并组建而成,注册资本500万元,在北京设立总部,并在湖南、深圳、安徽和广东东莞等地设有分所。

对注册会计师的详细分析:

获得注册会计师(CPA)证书的资格要求

2008年注册会计师考试进行改革,改革的主要内容是考试实行"6+1"制度,考试分专业阶段和综合阶段。专业阶段考试科目在原有考试科目会计、审计、财务成本管理、经济法、税法的基础上,增加公司战略与风险管理(新科目),共6门考试科目,综合阶段考试科目根据《中国注册会计师胜任能力指南》要求进行考核。完成考试后,再积累两年经验,以及遵守CPA的道德准则,这样才可以得到注册会计执业证书。

优秀的有执行能力的注册会计师必须具备以下能力。

①沟通能力。号召能力,交流能力,应变能力——灵活、耐力和耐心,对政策高度敏感,自尊、热情,充满激情、充满活力。

②管理能力。计划,组织,目标定位,对项目的整体意识,处理项目部与外部之间关系的能力,授权能力。

③技术能力。相关的专业知识,计算的应用能力。任何职业者必须具有一副健康的身体

和丰富的实践经验。

只有积累更多的经验才能胜任CFO的工作,所以我先进入合肥的一家会计师事务所加强我的实战经验。

企业二:中美桥梁资本有限公司

中美桥梁资本有限公司是全球行业领先的国际金融服务机构。现总部位于美国纽约,在中国公司已遍布北京、上海、广州等地。主营业务覆盖大型私营企业的战略投资、融资型反向收购上市(FTO)、反向收购上市(RTO)、初次公开上市(IPO)及并购业务(M&A)等。自2005年创建以来,已成功完成多家国内知名企业的海外上市,推动中国企业在国际市场的发展进程。

桥梁资本拥有强大的国际资本与丰富的投资银行经验。作为战略投资者对目标企业进行上市前私募,并且协助企业登陆境外资本市场。操作过程中,公司会承担上市前所有风险,并对上市结果进行允诺。桥梁资本致力于把高速增长的中国企业和美国资本市场相结合,为中国企业搭建通向美国资本市场的桥梁。

除了境外上市和直接投资捆绑为一体的资本整合运营业务,中美桥梁资本有限公司还从事自有产业拓展和投资,并已形成多种业务单元和多家子公司的业务局面。中美桥梁资本有限公司从始至终坚持不断探索与追求,为全球经济一体化助力。

公司经营理念:

诚信:诚恳热忱,以德立人,恪守承诺,坚守信用。

务实:求真求实,脚踏实地,忠于职守,扎实工作。

创新:解放思想,与时俱进,开拓进取,敢为人先。

超越:抢抓机遇,不畏艰难,提升自我,勇于攀越。

企业招聘财务总监的信息如下。

①熟悉资本市场运作技巧,与投资人和基金有良好的关系,对公司重大投资、融资、并购等经营活动提供财务建议和决策支持,参与风险评估、指导、跟踪和控制。

②负责公司领域财务管理及财务监控体系,对公司年度预算、资金运作等进行总体控制,主持编制、审核各类规范的财务报表,为公司决策提供及时有效的财务分析模型。

③任职条件:五年以上相关工作经验,财会及相关专业硕士学历,精通英语,熟悉国际会计准则;精通财务,税法政策、运营分析、成本控制及成本核算。

通过相关企业的要求,从而了解财务总监必备素质要求,给自己一个努力学习的方向!

CFO应具备如下素质。

CFO的英文全称是Chief Financial Officer,意是指公司首席财政官或财务总监。可以说,CFO是一个穿插在金融市场操作和公司内部财务管理之间的角色,而他们总的来说有两方面的主要工作:一方面是管理公司财政,另一方面是进行投资决策、融资。因而,CFO在公司所处的管理地位和他们的工作也决定了他们必须具有领导的能力、战略的头脑、开阔的思路、准确的判断力等素质,以下几点是较为重要的素质要求。

①掌握全面的专业知识。作为一名CFO最基本的要求,对于任何一位进入会计领域的工作者,都必须学会专业的会计知识,通俗地讲,这可是我们吃饭的饭碗,而要捧着CFO这个金饭碗,自然需要拥有比一般的会计工作者更全面精深的知识,才能让人心服口服,才能在那个领域、那个位置站稳脚根。

那么 CFO 应该要掌握什么样的专业知识呢？这就要和我们的专业挂钩。其一便是掌握会计知识，这是最基本的，其二便是微观宏观经济学的内容，再者作为一名决策者，同样要比他们更早地去了解有关会计财务的法律法规，及时了解该方面的政策。

②准确的判断能力及高瞻远瞩的战略思想。CFO 在一家公司中的财务管理位置决定了他必须做出英明的决策，领导他的伙伴，工作下属走向辉煌，因而，准确的判断能力是 CFO 不可或缺的一样素质。他们之所以能站在领导位置，就是证明他们拥有领导的才能与素质，这就要求他们时刻关注社会的发展动态，关注融资投资市场，在他们还懵懂犹豫不前的时候，做出准确的判断，做出高瞻远瞩的决策。

③组织管理能力。组织管理能力不只是 CFO 特具的素质，而是作为一名企业领导者必须拥有的素质。CFO 实质上也是一名财务主管，他的下面领导着无数的员工，为他一起工作，因而 CFO 必须学会如何合理安排员工的工作岗位，借助于骨干力量，使一人的智慧和才能变成众人的智慧和才能，从而带动整个财务工作的顺利开展。同时要注意适当分权，让下属分管部分"掌权"，从而使自己从繁琐的具体事务中脱离出来。

其次，财务总监也需要一定的交流沟通技能。作为一名主管，不可避免，他的员工会出现矛盾与不满，这就需要主管去沟通调节，使得内部和谐。同时，只有有效地与别人进行交流与沟通，才能获得别人和其他部门的支持，才会使企业各部门凝聚在一起，形成一种同心力，从而为企业在市场竞争中赢得整体优势。

④优良的道德素质。提到有关财务会计的工作，我们就不可避免地提到个人道德素质问题。在 CFO 这个位置上要接受无数的诱惑，不断地挑战人的道德底线，法律底线。所以，要安全的坐在财务总监的位置，必须要有能抵制诱惑的自制力，对自己的企业忠诚，能够固守道德与法律的底线。

7. 我的实践路程及成果

当我选择会计职业第一天起，财务总监这一职业目标就成为我的理想，为了实现我的目标，我从刚进大学开始就开始锻炼我的各项能力，提高自身的综合素质，如下是我的主要实践。

①大一担任班级团支书：锻炼了我的组织，演讲等能力。

②大二任职系办编辑部副部长：锻炼了我的写作，沟通合作能力。

③大二创办职业生涯发展协会并任职秘书长：锻炼了我管理，分配工作等能力。

④参加各种比赛（公开团活、演讲等）：让我对生活充满激情，有着积极向上的生活态度。

⑤学习成绩：班级前三名，曾获得"三好学生"、"优秀团员"、"校内二等奖学金"、"励志奖学金"。

⑥现在：在哈尔滨慧龙盛科技贸易有限责任公司担任出纳，所在公司是刚刚成立的一家小规模企业，所有经营活动都是刚刚起步，而且公司对我进行重点培养，任何财务事情都会放心的交给我去办，对于刚出学校的实习生来说是一个很难得的机会。因此，我从中学到很多实战经验。

公司开外币账户的程序及需要的材料
税控机的使用及发票的使用
新公司注册社会保险及批工资条的程序和材料
公司财务开办网上银行业务及操作
支票,汇票等结算业务的使用
网上报税
标书的制作
合同书的制作与签约合同时应注意事项
与领导、合作者之间的沟通

三、职业定位

有方向,才能不偏移轨道,有定位,才能坚持走下去。通过自我分析,职业分析和实践证明,得出如下 SWTO 分析。

表4　SWOT 分析

	S 优势因素	W 劣势因素
内部环境	较强的专业技能	做事比较原则
	数据观察能力强	固执
	组织管理能力强	不懂自我放松
	面对挑战比较理智	
	人际交往能力较强	
	O 机会因素	T 威胁因素
外部环境	需求大,人才少	社会竞争激烈
	政策扶持大学生就业	工作压力大
	目标城市发展迅速	CFO(财务总监)综合素质要求高
	就业机会多	

综合自我分析、职业分析,为做到性格与职业匹配、兴趣与职业匹配、特长与职业环境和内外环境相适应,经过分析,我得出了以下职业结论:我有很强的上进心,希望在所学领域得到发展,完成自己的理想,家庭的支持,社会的需求,内心的欲望,都促使我一步一步走向成功。而且我的升职规划理念是考取注册会计师,在会计师事务所积累经验后作为跳板,直接到公司任职财务经理,最后到 CFO。

结论:

职业目标:国内 500 强企业的 CFO。

职业发展策略:升本,考注册会计师,晋升职位,提高自身素质,最后完成任务!

具体路径:会计→进入会计师事务所→进入国内 500 强企业→财务经理(财务总监助理)→财务总监。

四、计划实施表——驻足的旅程

1. 总计划——旅途计划

表5 总计划表

计划名称	总目标	策略和措施	备注
短期计划 (2010~2012)	专科毕业 入党 升本 了解未来财务工作的工作环境	通过参加各种活动,提高自身管理与团队合作能力,并且运用各种途径了解财务工作的能力要求与工作环境;一边学习,一边实习工作,理论与实践相结合	英语四级、关注哈尔滨商业大学会计信息、参加实习工作
中期计划 (2012~2017)	本科毕业 考取注册会计师证书,进入会计师事务所工作 积累财务与管理经验	通过了解国际会计法则,经济信息,让自己的宏观思想更广阔;学习专业的知识,考取注册会计师中的三科,会计,经济法,税法,争取考更多。本科毕业后去一家事务所从基层干起,积累经验,考下剩余科目。购买相关经济类报刊,及时了解最新经济信息;关注经济新闻,让自己的思维更活跃前卫	业余学习英语口语,数学分析
长期计划 (2017~2026)	进入国内500强企业,任职CFO	积累财务经验,不断学习新的国际、国内的管理与财务知识,努力进入理想企业并任职财务经理,了解掌握公司所有经营活动与财务理念,争取升为CFO	学习国际会计准则,公司战略抉择理念,关心国际经济动态等

2. 短期目标——踏上征途的开始(2010~2012)

详细计划(如下是我接触职业生涯规划课程后所做的计划与实施后的成果。)

短期计划通过学习专业知识提高专业素质,通过阅读书籍,听讲座来提高我的认知素养,通过在团总支工作提高我的工作能力,与各种人打交道,拓展人交际能力。

(1)2010年10月1日~11月1日

①初级学习。

跟班学习,每周整理学习过的笔记,做相应的题。

②学习英语四级知识。

a. 每天背20个单词。

b. 做一篇英语阅读。

c. 每天睡前听听力。

d. 周末总复习单词。

e. 报名学习舞蹈,进一步提高交际舞、华尔兹的舞技。

f. 开始自学税法,提前准备考注册会计师中的学科。

(2)11月1日~12月1日

①报考初级。

②对英语进行总冲刺,考英语四级。

a. 每天复习 100 个单词。

b. 做一篇英语精选阅读。

c. 每天睡前听力 30 分钟。

d. 每星期背一篇范文。

③协助老师,帮助大一新生搞好团活。

④继续学习税法。

(3)2010 年 12 月 1 日~2011 年 1 月 1 日

①准备期末考试,成绩前三名。

安排各科期末复习计划表。

②学习英语四级知识。

a. 每天背 20 个单词。

b. 做一篇英语阅读。

c. 每天睡前听听力。

d. 周末总复习单词。

③总结学期未完成的事情,进行漏补。

④继续初级课程学习和税法知识学习。

(4)2011 年 1 月 1 日~3 月 1 日

①制订初级会计学习计划,投入全部精力学习,每天至少有五个小时时间学习。

②自学会计报表课程,提高自己的专业水平,继续学习税法。

③阅读书籍,至少两本世界名著,一本历史人物传记。

④学习英语口语,每天学习五个新句子。

⑤参加游泳课培训,在蛙泳的基础上学会自由泳、仰泳。

⑥自学会计报表课程,提高自己的专业技能,继续学习税法。

(5)3 月 1 日~4 月 1 日

①制订新学期计划。

②继续参加初级会计培训,找一些题型巩固知识,并开始学习经济法内容。

③制订新学期英语学习计划,特别是提高口语,每星期看一部光碟英语原声带电影。

④筹备一次新学期团总支成员联欢活动。

⑤开始准备学习经济法。

(6)4 月 1 日~5 月 1 日

①准备初级会计考试,参加考试。

a. 总结每章知识点。

b. 仔细分析、琢磨、重做错题。

c. 将重点部分归类复习。

②整理学习情况,不漏缺洞。

③英语口语学习。

a. 每天背五个新句子,每周末复习。

b. 学英语歌,一月一首。

④阅读社交礼仪书籍,参加礼仪培训课。
⑤关注经济动态,参加学校组织的大学生招聘会。
(7)5月1日~6月1日。
①参加初级会计考试。
②整理专业课笔记。
③关注学校对我们这届学生关于参加实习的动态新闻。
④英语口语学习。
a. 每天背五个新句子,每周末复习。
b. 学英语歌,一月一首。
⑤继续学习税法和经济法。
(8)6月1日~7月1日
①准备期末考试,成绩前三名。
安排各科期末复习计划表。
②关注学校对我们这届学生关于参加实习的动态新闻。
③英语口语学习。
a. 每天背五个新句子,每周末复习。
b. 学英语歌,一月一首。
④总结税法和经济法知识。
(9)7月1日期末阶段
①参加期末考试。
②安排离校前工作。
③查看本学期学习生活情况,并进行整理总结。
④阅读心理学书籍,学习与人沟通时的技巧。
(10)2011年8月至盘点我的实施结果
①专业考试合格,取得初级会计师资格证书。
②在一家私企担任出纳一职,把理论与实习相结合。
③校内学习成绩考试结果很理想。
通过制订计划,实施计划,我基本上达到了自己的目标。
考取了初级会计师职称。
我成为党组织的重点培养对象。
学习成绩排名班级第一,并又一次获得励志奖学金。
对职业有了一定地了解,并从实习中学到更多的实践知识,也扩大了人脉关系。
我从中认识到,做任何事情计划是至关重要的,管理学中叙述到管理者的四项基本职责之一,首要的就是计划。所以我一路坚持梦想,制订计划,实施计划,虽然取得的成绩距离梦想还是很遥远,但是我会继续努力,永不放弃!如下是我对我未来的计划。
(11)2011年11月~2011年12月
①认真工作,将实践与理论相结合,提高我的实战经验。
②利用晚上与双休时间学习升本考试知识。
③每天坚持学习英语,因为英语是升本的考试科目也是以后职业生涯发展的一个必要因

素。

④关注报考注册会计师的消息,提前关注考试指南与知识。

(12)2012年1月~2012年9月

专心投入升本学习,3月20号参加考试。考完试报考注册会计师考试科目会计一科。

3. 中期目标——看到希望的曙光(2012~2017)

2012年到2015年本科期间考取注册会计师中的三科经济法,税法,会计或更多,考取英语四级及练习英语口语。

2015年到2017年进入会计师事务所从基层做起,考完注册会计师剩余科目。

4. 长期目标——到达目的地(2017~2026)

2017年到2026年进入国内500强企业任职财务经理,对公司的经营活动进行全面的了解与分析,对国际国内的经济动态进行分析和预测,最终完成我的理想,成为一名优秀的CFO。

五、评估调整(延续生命的待续)

职业生涯规划不是一成不变的,我会根据自身变化与社会动态调整我的规划路线,为实现理想而奋斗。

1. 方案调整——遭遇风雨击打

如果我没有升上本科,则没有充足的时间去学习考证,那么我会调整路线,参加工作,积累实战经验,在工作的同时考取注册会计师,总目标不变。

2. 职业路径评估——另辟蹊径

①在专科毕业后十五年内,进入企业逐渐成长,路线为出纳→会计→助理会计师(进入事务所)→签字注册会计师→财务经理(财务总监助理)→财务总监(CFO)。

②调整时间。每年根据自己的实际情况,重新审视自身条件,调整战略。

③原则。根据变化改变计划,但是绝不放弃理想,为理想战斗,坚持到底。

六、结束语——驻足山巅,喜笑颜开

我沉睡在黑暗的泥土里,看不见世间缤纷的色彩,听不到鸟儿欢乐的歌唱,我想探出脑袋,想看看碧海蓝天,所以我要不断地吸收土壤的养分,喂饱我干瘪的身躯,从体内补充能量。

我漂洋过海,翻越山丘,一路披荆斩棘,风雨洗礼,我坚信我的理想就在那座山的背后,我的理想家园就在不远处,从探索身体秘密那一刻起,我就坚信我能知道我是谁,在我的历险记最后,我会驻足山巅,尽情绽放我的美丽!(规划者:王苗苗)

参考文献

[1] 吕贵兴.创业机会选择与评价的比较分析[J].潍坊学院学报,2008,8(5):45.

[2] 布鲁斯 R.巴林杰创业计划[M].北京:机械工业出版社,2009.

[3] 威廉·沙门.创业必读[M].北京:时代文艺出版社,2003.

[4] 王培俊.职业规划与创业体验[M].北京:高等教育出版社,2011.

[5] 马莹.就业指导与创业教育[M].北京:立信会计出版社,2006.

[6] 李时椿.创业管理[M].北京:清华大学出版社,2010.

[7] 龚荒.创业管理——过程·理论·实务[M].北京:清华大学出版社;北京交通大学出版社 2011.

[8] 张彦军,杜峰.大学生就业指导与实战[M].北京:北京工业大学出版社,2011.

[9] 王伯庆.2011年中国大学生就业报告[M].北京:社会科学文献出版社,2011.

[10] 刘洪杰.就业·创业.北京[M].北京:机械工业出版社,2010.

[11] 杨文婷,陈子文,赵砚芬.大学生就业指导与职业生涯规划[M].北京:清华大学出版社,2008.

[12] 柯东林,段永发,徐自警.高职高专毕业就业指导[M].武汉:华中师范大学出版社,2008.

[13] 刘春静,刘传琴.大学生就业指导与职业生涯规划[M].沈阳:东北师范大学出版社.